Ursula Klauke / Norbert Brockmann

Angedacht I

Materialien für Gruppenarbeit und Gottesdienst

Matthias-Grünewald-Verlag

verlags gruppe engagement
Der Matthias-Grünewald-Verlag ist Mitglied
der Verlagsgruppe engagement

Neuausgabe

www.gruenewaldverlag.de

Umschlaggestaltung: Finken & Bumiller, Stuttgart
Gesamtherstellung: Matthias-Grünewald-Verlag, Ostfildern

ISBN: 978-3-7867-2653-1

Inhalt

II. Teil: Symbole und Bilder

Angedacht - ein Vorwort

„Wir haben das Thema schon einmal angedacht!", so hört man zum Beispiel von Politikern nach einer Konferenz vor den wartenden Reportern. „Wir haben es angedacht", das bedeutet, es wurde beraten, überlegt, geplant und diskutiert, ein endgültiges Resultat ist aber noch nicht entstanden.
Deshalb ist der Titel unseres Buches: *Angedacht.*
An-ge-dacht und ausprobiert haben wir in verschiedenen Gemeinden einiges an Ideen und Möglichkeiten, die wir in diesem Buch zusammengetragen haben, um sie weiterzugeben.
An-ge-dacht und aus-ge-dacht haben wir die Themen und Aspekte, die der Ergänzung und Vertiefung bedurften, und sie mit Hinweisen zu den biblischen Bezügen versehen.
An-ge-dacht von uns und weiter-ge-dacht von Ihnen; darum sind die Texte mit Hinweisen und Anregungen versehen, die helfen sollen, sie einzusetzen und umzusetzen.
Ge-dacht ist die Zusammenstellung von Themenkreisen und Symbolen als eine Sammlung von Gestaltungshilfen, die dem jeweiligen Anlaß angepaßt werden sollten:
für An-dachten und Gottesdienste (Früh- und Spätschichten, Messen, Wallfahrten, Liturgische Nächte ...),
für Gruppenarbeit und Pastoral (Eine-Welt-Kreis, Pfarrgemeinderat, Leiterrunden ...),
überall, wo Menschen *nach-denklich* werden, wo der Glaube zur Sprache kommen kann und lebendig werden soll.
Wir hoffen, daß *„Angedacht"* einlädt zum Nachdenken, Überdenken, Weiterdenken. Wir danken allen, die zur Entstehung dieses Buches beigetragen haben, und wünschen allen, die damit arbeiten, Freude, Phantasie und Kreativität bei der Umsetzung.

Ursula Klauke
Norbert Brockmann

I. Teil:
Themenkreise

1. Advent

Licht und Finsternis

Die Finsternis vertreiben

- Anregung: *Die Geschichte endet mit einer Zeit der Stille oder mit meditativer Musik.*

In einem Haus saß eine Gruppe von Männern und Frauen. Der Grund, weshalb sie sich getroffen hatten, war schon nicht mehr wichtig. Sie saßen seit einiger Zeit dort und unterhielten sich. Draußen wurde es dunkel, doch keiner erhob sich, um das Licht anzumachen. Über der Gruppe lag eine merkwürdige Stimmung. Wie es dazu gekommen war, wußte keiner mehr so genau. Ganz unverfänglich hatte ihr Treffen begonnen, über das Wetter hatten sie gesprochen und über die letzte Geburtstagsfeier. Dann waren sie auf andere Themen gekommen. Ganz ernsthaft und ehrlich waren sie plötzlich im Gespräch gewesen über die Dinge, die jeden von ihnen bedrückten: die pflegebedürftige Mutter, die schon seit Jahren zu Hause betreut werden mußte, der Jugendliche, der schon wieder aus seiner Lehrstelle entlassen worden war, die drohende Arbeitslosigkeit nach so vielen Jahren Betriebszugehörigkeit, der Verdacht auf Krebs nach der Operation, der Unfall, dessen Folgen noch immer das Leben schwer machten, der Tod des Freundes aus heiterem Himmel.

Sie waren eng zusammengerutscht im Laufe der Stunden und verbunden in der gemeinsamen Sorge und Anteilnahme. Jetzt war es still geworden zwischen ihnen, jeder hing seinen Gedanken nach. Dann entzündete einer von ihnen, ohne darüber nachzudenken, die Kerze, die auf dem Tisch stand. Warm strahlte das Kerzenlicht auf die Gesichter, und die Augen der Männer und Frauen trafen sich im Kerzenlicht.

„Daß trotz aller Dunkelheit und aller Sorgen solcher Frieden sein kann", sagte eine Frau und lächelte.

Fragen zur Besinnung

- Anregung: *Die Fragen eventuell in die Musik hineinsprechen.*

- Daß trotz aller Dunkelheit und aller Sorgen solcher Frieden sein kann, wo Menschen ihr Leben mit allen Sorgen und Schwierigkeiten miteinander teilen können. Können andere bei mir solch einen Ort finden? Wo finde ich ihn?

- Zeit, die man sich füreinander nimmt, Gemeinschaft und Freundschaft, die man nicht machen kann, sondern geschenkt bekommt. Kenne ich diese Erfahrungen?
- Anteilnahme, Mitleid und Hilfe - Menschlichkeit. Gehe ich menschlich mit anderen um?
- Gott wird Mensch, wo der Mensch menschlich wird!

„Maranatha - komm, Herr"

Ein Gebet

- Anregung: *Zu jeder Strophe wird eine Kerze entzündet und aufgestellt, als Symbol für den kommenden Herrn, der das Licht ist.*

Maranatha, komm, Herr,
werde wieder Mensch auf dieser Welt,
die an so vielen Stellen voller Dunkelheit ist.

Maranatha, komm, Herr,
in die Grauzonen der Unwahrheiten, Lügen und Machtsysteme,
in die Nacht der Ungerechtigkeit und des Unfriedens.

Maranatha, komm, Herr,
weil das Ende der Kriege nicht abzusehen ist und
weil das Geld weiterhin die Welt regiert.

Maranatha, komm, Herr,
weil wir es alleine nicht schaffen,
Not und Krankheit zu besiegen.

Maranatha, komm, Herr,
wir warten auf dein Licht, das nicht verlöschen kann,
wir brauchen die Hoffnung, die Zukunft bedeutet.

Maranatha, komm, Herr,
hilf uns aus Sackgassen und angeblichen Gegebenheiten und Fakten,
zeige uns neue Wege und neue Maßstäbe.

Maranatha, komm, Herr,
damit deine Geschichte mit uns weitergeht und
damit dein Reich sich durchsetzen kann.

Maranatha, komm, Herr,
werde wieder Mensch auf dieser Welt.

Menschen im Advent - Meditation

- Anregung: *Die Texte können durch Liedstrophen unterbrochen und durch entsprechende Dias unterstützt und verstärkt werden. So kann z.B. ein Dia mit dem Propheten immer an den Stellen eingeblendet werden, an denen die Stimme des Propheten zu hören ist.*
  Der Text ist aufgeteilt für vier SprecherInnen: Der/die erste SprecherIn liest die Einleitung und den Abschluß, der/die zweite die verschiedenen menschlichen Befindlichkeiten, der/die dritte den Propheten und der/die vierte die Antworten, die das Neue Testament den Menschen gibt.

1. SprecherIn: Wieder feiern die Menschen Advent und erwarten die Ankunft des Herrn.
Menschen jeden Alters, Gesunde und Kranke, Frohe und Gehetzte.
Menschen in unterschiedlichen Situationen, Sorgen und Befindlichkeiten.
Menschen - du und ich.

(Dia: Adam und Eva)

2. SprecherIn: Wir warten als schuldige Menschen auf die Ankunft des Erlösers. Adam und Eva brachten nach biblischem Verständnis die Sünde in die Welt. Aber wir wissen, daß wir uns nicht hinter der Sünde anderer verstecken dürfen, daß persönliches Versagen auch uns belastet.
Der Zustand der heutigen Welt läßt uns erkennen, daß die ganze Menschheit verstrickt ist in Sünde und Schuld, angefangen von den kleinen Verfehlungen einzelner bis zu den großen Unmenschlichkeiten ganzer Systeme.
Wir warten als schuldige Menschen auf die Ankunft des Erlösers. Wir hoffen auf Vergebung und ein Leben ohne Schuld.

(Dia des Propheten)

3. SprecherIn: Hört die Stimme des Propheten: Bahnt für den Herrn einen Weg durch die Wüste. Jedes Tal soll sich heben, jeder Berg und Hügel sich senken. Was krumm ist, werde gerade, was hügelig, werde eben.

(GL 106, Str. 1 und 3 oder meditative Musik)

2. SprecherIn: Wir warten als ängstliche Menschen auf das Kommen des Friedensfürsten. Noch nie war die Angst in der Welt so verbreitet wie heute: Angst um die berufliche Zukunft, Angst vor unheilbarer Krankheit, Angst vor der Zerstörung der Umwelt, Angst vor dem Krieg und Angst vor dem Tod.
Wir warten als ängstliche Menschen auf das Kommen des Friedensfürsten. Wir hoffen auf das Ende der Angst und ein Leben in Frieden.

(Dia des Propheten)

3. SprecherIn: So spricht der Prophet: Erhebe deine Stimme mit Macht: Fürchte dich nicht. Sag den Städten in Juda: Seht, da ist euer Gott.

(GL 106, Str. 2 und 5 oder meditative Musik)

2. SprecherIn: Wir warten als traurige Menschen auf die Ankunft des Heilands. Keiner ist unter uns, der die Trauer nicht kennt. Hier ist keiner, den nicht Sorgen wegen eines lieben Angehörigen drücken, der nicht liebe Menschen durch den Tod verloren hat. Wir sehnen uns nach Trost. Wir alle wissen, wie schwer es einem Menschen fällt, das rechte Wort des Trostes zu finden. Wir warten als traurige Menschen auf die Ankunft des Heilands. Wir hoffen auf ein Ende der Trauer und ein Leben in Freude.

(Dia des Propheten)

3. SprecherIn: Hört auch noch dieses Wort des Propheten: Tröstet! Tröstet mein Volk, spricht euer Gott. Seht, der Herr kommt mit Macht. Alle, die er gewonnen hat, gehen vor ihm her: Die Lämmer trägt er auf dem Arm, die Mutterschafe führt er behutsam.

2. SprecherIn: Wir warten als einsame Menschen im Dunkel auf das Erscheinen des Lichtes der Welt. Oft sehen wir keinen Ausweg aus den vielen Sackgassen, in die wir geraten. Auch die Festtagsfreude kann die ungelösten Probleme unseres eigenen Lebens und der Welt nicht auslöschen. Wir warten als einsame Menschen im Dunkel auf das Erscheinen des Lichtes der Welt. Wir hoffen auf das Ende der Dunkelheit und ein Leben in Gemeinschaft.

(Dia des Propheten)

3. SprecherIn: Hört den Propheten: Das Volk, das im Dunkeln lebt, sieht ein helles Licht. Über denen, die im Lande der Finsternis wohnen, strahlt ein Licht auf. Du erregst lauten Jubel und schenkst große Freude.

4. SprecherIn: In Bethlehem verkünden die Engel den Hirten: Fürchtet euch nicht, denn ich verkündige euch eine große Freude, die dem ganzen Volke zuteil werden soll. Heute ist euch der Retter geboren, er ist der Messias, der Herr. Ehre sei Gott in der Höhe und Friede den Menschen seiner Gnade.

2. SprecherIn: Wir warten als glaubende Menschen auf die Geburt des Gottessohnes. Und doch ist unser Glaube so schwach, daß er schwankt, wenn Probleme und Sorgen uns bedrücken, wenn wir Leid erfahren, das alles sinnlos macht. Wir müssen bekennen, daß unsere Frage dann oft ist: Gott, wo bist du, ich kann dich nicht finden. Du bist so schrecklich fern. Wir warten als glaubende Menschen auf die Geburt des Gottessohnes. Wir hoffen auf die Nähe Gottes und ein Leben als Gottes Töchter und Söhne.

(Dia von Maria und Elisabeth)

4. SprecherIn: Maria, die Mutter Jesu, wird auch die Mutter der Glaubenden genannt. Von ihr sagt Elisabeth: „Selig, die du geglaubt hast, daß sich erfüllt, was der Herr dir sagen ließ."

(Dia von einem verschlossenen Tor)

1. SprecherIn: Wir warten als hoffende Menschen auf das Kommen des Immanuel, des „Gott mit uns". Verschlossen ist das Tor, verriegelt die Tür. Davor stehen wir Menschen voller Sehnsucht und Erwartung. Vielleicht ist es deshalb oft so kalt in der Welt, weil uns der Sinn dafür verlorengegangen ist, was unser Heil ist. Heiland heißt Retter. Retten muß er uns aus der Gefahr, die falschen Dinge für wichtig zu halten und nur uns selbst in den Mittelpunkt zu stellen. Darum geht es auch in diesen Tagen, daß durch die Mauern des „Das war immer so", „Was geht mich das an" und „Jeder ist sich selbst der Nächste" das Licht hindurchscheint, daß wir Menschen einander die Hand reichen, füreinander Verständnis finden und Solidarität üben.

Wir warten als hoffende Menschen auf das Kommen des Immanuel, des „Gott mit uns". Wir hoffen auf das Reich Gottes und darauf, daß es unter uns beginnt.

Maria

- Anregung: *Text als Einführung im Gottesdienst (evtl. am Fest „Verkündigung des Herrn") oder als Gesprächsimpuls einsetzen. Das Gebet schließt inhaltlich an.*

Einführung

Wer war Maria, die Mutter Gottes? Über diese Frage kann man anhand des Evangeliums von der Verkündigung der Geburt Jesu nachdenken.

Für Gläubige hat Maria und ihre Verehrung in den letzten Jahren immer stärker an Bedeutung verloren. In Liedtexten und auf bildhaften Darstellungen erscheint sie so vollkommen als Mensch und als Glaubende, daß sie mit dem heutigen und wirklichen Leben, mit seinen Sorgen und Fragestellungen des Menschen scheinbar nicht mehr viel zu tun hat.

Viele Menschen, die heute Maria neu entdecken wollen, setzen bei der Bibel an und treffen dort auf eine mutige und engagierte junge Frau.

Die wenigen Textstellen über Maria, die es im Neuen Testament gibt, berichten nicht über ein junges Mädchen, das fraglos und unterwürfig sein Schicksal auf sich nimmt, sondern stellen uns eine selbständige, nachdenkliche Persönlichkeit vor:

Als sie der Engel bei der Verkündigung begrüßt, erschrickt sie nicht so sehr über die Erscheinung, sondern vielmehr über die Anrede des Engels, der sie als Begnadete bezeichnet. Maria überlegt, was die Anrede zu bedeuten hat und wie die Botschaft erfüllt werden kann.
Maria sucht das Gespräch und überzeugende Argumente, damit sie den göttlichen Auftrag annehmen kann. Wir erleben eine kritische Auseinandersetzung, an deren Ende die bedingungslose Annahme steht: „Mir geschehe, wie du gesagt hast".
An diesem Text offenbart sich ihr Glaube als persönliche Entscheidung auf den Anruf Gottes. Es ist ein Glaube, der eingebunden ist in die Überlieferungen und Verheißungen des Volkes Israel.
Auch das Magnifikat, das Danklied Mariens, ist ein Hoffnungs- und Glaubenslied. Es gewährt uns Einblick in die Welt Gottes.
In vielen anderen biblischen Erzählungen tritt Maria als Glaubende und Handelnde auf. Sie ahnt, was ihr Sohn Jesus will, und versucht, seine Botschaft in die Tat umzusetzen. Auch wenn sie nicht alles versteht, was geschieht, vertraut sie ihm. Maria ist ein Vorbild für uns glaubende Christen.

Gebet

Gott, in Maria hast du einen Menschen erwählt, der ein offenes Ohr für deinen Anruf hatte und die Botschaft des Engels verstanden hat. Wir haben oft Schwierigkeiten, deinen Ruf, deine Stimme wahrzunehmen. Unsere Welt ist zu unruhig, lärmend, hastig und kalt.
Gott, wir bitten dich: Gib uns Zeiten der Ruhe, damit uns der Blick auf uns selbst und unsere Mitmenschen nicht verlorengeht in der Rastlosigkeit des Alltags, in unserem Egoismus und Karrieredenken.
Schenk uns die Freiheit, ja zum Glauben zu sagen, zu einem Glauben, der unser Leben tragen kann.
Laß uns sensibel werden für die Boten und Zeichen deiner göttlichen Nähe und die ungewöhnlichen Wege des Glaubens.

Ich suche dich, Maria

- Anregung: *Den Text mit unterschiedlichen alten und modernen Mariendarstellungen unterlegen.*

Ich suche dich, Maria, hinter den Bildern und Namen, die man für dich fand:
hinter Strahlenkranzmadonnen und Gipsfiguren,
hinter Maienkönigin und Schmerzensmutter,
hinter naivem Lächeln und der Starre einer zur Ehre der Altäre erhobenen Jungfrau.

Maria, ich suche dich, und es fällt mir schwer, dich zu entdecken,
dich, die Frau, wie du in meinen Gedanken lebst:
die Frau, die jasagen konnte zu einem unerklärlichen Ruf Gottes,
die Frau, die Rat und Unterstützung suchte bei einer Freundin und Verwandten,
die Frau, die keine Zukunft in ihrer Gesellschaft mehr hatte als Mutter eines unehelichen Kindes,
die Frau, die revolutionäre Lieder sang von den Maßstäben Gottes,
die Frau, die in der Fremde ihr Kind gebar
und ins Exil fliehen mußte, um das Leben des Kindes zu retten,
die Frau, die ihr Kind erzog und losließ,
ohne daß große Worte darüber verloren wurden, wie bei so vielen anderen Frauen,
die Frau, die die Wege ihres Sohnes mitging, aber sie nicht alle verstand,
die Frau, die die Verurteilung und die Hinrichtung ihres Sohnes miterleben mußte und ihn tot in ihren Armen hielt,
die Frau, die von der Auferstehung erfuhr, Gottes unerklärlicher Tat,
der Bestätigung ihres Sohnes als Sohn Gottes,
die Frau, die den dauerhaften Beistand Gottes zugesagt bekam,
als sie mit den Jüngern am Pfingstfest in Jerusalem zusammen war,
die Frau, die herausgerufen wurde von Gott,
die ihren Beitrag leistete und wieder zurücktrat in den Alltag der Geschichte,
als ihr Auftrag beendet war.

Maria, ich suche dich, die Frau, wie du in meinen Gedanken lebst:
eine Frau, die stark war und schwach,
die gelacht hat und geweint,
die gefragt hat und verstanden,
die geliebt hat und enttäuscht wurde,
die gehofft hat und geglaubt,
die den Alltag erlebte und die Hoch-Feste,
die den Ruf Gottes hörte und annahm.

Maria, ich suche dich.

Sing Maria

als du ja riefst
und den engel
umarmtest

als du dich verliebtest
unsterblich verliebtest

da liefst du in
deiner begeisterung
ins gebirge
liefst und sangst
revolutionslieder

sing uns
lieder
maria

sing uns vom sturz
der bedrücker
sing von den leeren kassen
der reichen

sing von der freiheit
der gefangenen

sing von der auferstehung
der frauen

sing bis die uhren
stillstehen und
Er kommt
der atemsohn
kommt

und die alte erde
umpflügt

Wilhelm Bruners

Siehe auch:
„Ave Maria junger Menschen“ im Liedanhang.

Johannes der Täufer

Ein ungewöhnlicher Mensch
Ein Rollenspiel

- Anregung: *Eine „Kabinettsrunde“ diskutiert mit einem Präsidenten über eine Bewerbung. Der Präsident liest die Bewerbung vor, die Mitglieder der Runde bereden anschließend die Argumente, die für und gegen diese Bewerbung sprechen (eventuell in der Vorbereitungsphase zusammenstellen: die unpassende Kleidung des Bewerbers, seine positiven Einstellungen und Ziele usw.).*
  Die Szene eignet sich als Anspiel für den Gottesdienst oder auch als Gesprächsimpuls.

SprecherIn:
Stellen Sie sich einmal vor, Sie wären Regierungschef, Präsident oder ein in der Verantwortung stehender politischer Amtsträger. In Ihrem Land herrscht Unruhe. Die Unzufriedenheit der Bevölkerung über die politischen und gesellschaftlichen Verhältnisse wächst. Sie müssen als Regierungschef handeln. Sie sind auf der Suche nach einer Lösung und kommen zu dem Entschluß: Die Bevölkerung kann nur durch hoffnungsvolle, zielorientierte, positiv denkende Menschen und Gerechtigkeit schaffende und in die Zukunft weisende Aktionen neuen Lebensmut und Lebensfreude erhalten. Hierfür suchen Sie eine fähige und geeignete Person. Sie starten eine Bewerbungsaktion. Die folgende Bewerbung flattert dabei auf Ihren Tisch:

Name:	Johannes
Wohnhaft in:	Judäa
Arbeitskleidung bei öffentlichen Auftritten:	Gewand aus Kamelhaaren, lederner Gürtel
Ernährung:	Heuschrecken und wilder Honig
Ziel meiner Auftritte und Aktionen:	Ankündigung und Wegbereitung für das Himmelreich des Messias
Teilziele:	Aufbau neuer Ordnungen und Strukturen in allen Lebensbereichen, Bereitschaft zum Sündenbekenntnis und zur Taufe einfordern, Umkehr im Denken fördern, Schaffung eines neuen Bewußtseins und neuer Lebensperspektiven. Ich bitte um Anerkennung und freie Wirkungsmöglichkeit für den Herrn.
Ort der Tätigkeit:	Die Wüste / der Jordan
Arbeitsmittel:	Meine Stimme, Jordanwasser zum Taufen
Erwarteter Erfolg:	Steigendes Interesse in der Bevölkerung

Johannes der Täufer
Ein Schattenspiel

- Anregung: *Das Schattenspiel als Verkündigungselement z.B. für einen Familiengottesdienst vorbereiten und einüben.*
- Biblische Bezüge: *Mt 3,1-12; Mk 1,1-8; Lk 3,1-18; Joh 1,19-28*
- Personen: *Erzähler, Leute 1+2, Johannes, Zöllner, Soldat, Priester 1+2*
- Dauer: *5-10 Minuten*
- Technik: *eine Schattenspielleinwand (großes Bettuch) von hinten mit einem Dia- oder einem Overheadprojektor anstrahlen, eine Kulisse/Hintergrund entsprechend auf ein Diarähmchen oder eine Folie malen, die Figuren aus Pappe ausschneiden und mit einem dünnen Stab zum Führen (hinter der Leinwand) versehen. Der Text wird von den Spielern selbst oder von anderen LeserInnen vorgetragen.*

Erzähler: Wißt ihr, wer Johannes war? Er ging in die Wüste, hinunter zum Fluß Jordan. Ein Haus gab es dort nicht für ihn. Darum wohnte er in einer Höhle. Es gab auch nicht viel zu essen dort; wenn er Hunger hatte, suchte er sich Honig, manchmal sogar Heuschrecken. Auch zum Anziehen hatte er nicht viel. Ihm genügte ein langer Mantel. Ja, und eines Tages sagte ihm Gott, er solle das Volk und die Menschen vorbereiten auf das Kommen des Messias, auf den neuen König.

Leute 1: Ist das weit nach Jerusalem. Hoffentlich sind wir bald da!

Leute 2: Ja, es ist weit, aber bald haben wir es geschafft. Wir sind schon am Jordan.

Leute 1: Hörst du die vielen Menschen? Was ist denn da los? Warum ist da so ein Gedränge?

Leute 2: Es werden immer mehr, die zum Jordan laufen. Komm, wir wollen sehen, was da los ist.

Leute 1: Sie schauen alle auf den Mann mit dem langen Mantel. Hör zu, er beginnt zu reden. Da bin ich aber gespannt.

Johannes: Bekehrt euch, tut Buße, geht auf neuen Wegen. Werdet neue Menschen. Baut Straßen für Gott, die zu eurem Herzen führen. Lauft nicht in die Sackgassen eures Lebens. Gottes Heil ist schon ganz nahe. Es kommt der Messias, auf den ihr alle wartet.

Erzähler: Und Johannes legte einigen Leuten die Hände auf und sagte: Ich taufe dich im Namen Gottes. Die Taufe ist das Zeichen dafür, daß du dein Leben ändern willst. Die Menschen spürten etwas von der Hoffnung, die in den Worten und Zeichen des Johannes lag, und wurden froh. Die Erwartung des Messias war zum Greifen nahe. Die Menschen waren fasziniert von Johannes und wollten immer mehr hören und fragen.

Leute 2: Johannes, was sollen wir tun? Sag es uns, wir tun alles, was du sagst.

Johannes: Ihr sollt neue Menschen werden, die anders leben, anders denken und anders handeln als bisher. Wenn du wohlhabend bist, dann teile deine Kleidung, deine Nahrung mit jemand, der nichts hat.

Erzähler: Es kam auch ein Zöllner und fragte:

Zöllner: Was soll ich tun?

Johannes: Nimm den Leuten nicht mehr ab, als es in der Vorschrift steht. Nütze deine Position nicht aus. Sieh auf die Menschen, die vor dir stehen, nicht auf deinen Vorteil.

Erzähler: Johannes legte ihm die Hände auf und taufte ihn im Namen Gottes. Auch ein Soldat kam und fragte nach.

Johannes: Plündert niemanden aus, quält keinen, tut keinem Gewalt an. Denk selber, und versteck dich nicht hinter Befehlen. In deinem Herzen weißt du genau, was richtig ist und wie du handeln sollst, folge deiner inneren Stimme.

Leute 1: Komisch, was ist das für ein Mensch? Hör, wie er redet.

Leute 2: Er ist ein besonderer Mensch. Er hat Ausstrahlung. Vielleicht ist er ein Prophet?

Soldat: Oder er ist der Messias?

Erzähler: Es kamen aber auch Priester zum Jordan. Sie sahen, wie die Menschen zusammenströmten, um Johannes reden zu hören, und sie sahen die Wirkung, die er auf sie hatte. Und auch sie stellten ihm Fragen.

Priester 1: Hör, Johannes, wer gibt dir das Recht, so zu reden? In wessen Namen und Auftrag tust du das?

Priester 2: Wer bist du? Ein Prophet? Oder bist du etwa der Messias?

Johannes: Ich stehe hier im Auftrag Gottes. Er hat mir gesagt: Bereite das Volk auf das Kommen des Messias vor. Ich bin nicht der Messias, ich bin nur sein Zeuge, sein Bote, sein Wegweiser. Ich bin die Stimme, die in der Wüste ruft: Bereitet den Weg für den Herrn.

Priester 1: Warum taufst du die Menschen, wenn du nicht der Messias bist?

Johannes: Ich taufe nur mit Wasser. Es kommt aber einer nach mir, der mächtiger ist als ich. Ich bin es nicht einmal wert, ihm die Schuhe auszuziehen. Ich taufe mit Wasser, damit die Menschen ihr Leben ändern. Denn bald kommt das Reich Gottes und seine Herrschaft.

Priester 2: So, was denn für ein Reich? Welche Herrschaft? Sprich!

Johannes: Ihr wißt es genau, denn schon lange warten wir darauf. Der Messias, der kommt, bringt Licht in diese Welt. Er ruft alle Menschen, die guten Willens sind. Ihnen wird er Frieden schenken und Heil, Versöhnung und Gerechtigkeit. Mit ihm beginnt eine neue Zeit.

Erzähler: Den Menschen taten die Worte des Johannes gut. Die Priester waren skeptisch und gingen zurück in die Stadt, um denen, die sie geschickt hatten, Bericht zu erstatten. Auf dem Weg unterhielten sie sich.

Priester 1: Komm, komm, dieser Johannes träumt doch nur. Es ist Spinnerei, was er sagt. Ich glaube ihm nicht, und die Leute werden ihn auch bald durchschauen. Bis dahin sollten wir ihn im Auge behalten, er macht das Volk unruhig und aufsässig.

Priester 2: Doch, mir gefällt, was er sagt. Schließlich steht ja auch überall in unseren Schriften, daß der Messias kommen wird. Merkwürdig, welche Macht dieser Johannes hat über die Herzen der Menschen. Er scheint genau den Nerv unserer Zeit zu treffen.

Erzähler: Am Jordan ließen sich viele Menschen von Johannes taufen. Sie wollten ihr Leben ändern und darauf einstellen, daß der Messias nahe ist. Sie hofften, daß ihr Leben und die Erde neu werden.

Die Botschaft des Johannes

Eine meditative „Verbildlichung“ zu Mt 3,1-12

- Anregung: *Besonders geeignet ist diese Form für eine kleinere Zahl von Teilnehmer-Innen, die sich im Kreis um die „Spielfläche“ setzen können.*

- Personen: *ein Vorleser, eine Person, die die jeweiligen Bilder legt.*
- Dauer: *ca. 5 Minuten*
- Technik: *Zu meditativer Musik wird langsam der biblische Text vorgelesen. Zu den einzelnen Sätzen wird ein Bild oder Gegenstand gelegt. Der Vorleser liest erst weiter, wenn der Gegenstand liegt, dadurch entstehen Pausen im Text zum Anschauen und Nachdenken. Am Ende steht eine bildliche Darstellung des Textes, die zur Meditation, aber auch zum Gespräch und zur Auseinandersetzung einlädt.*
- Vorbereitung: *Meditative Musik; die Gegenstände griffbereit zusammenlegen. Die Musik ein bis zwei Minuten vorlaufen lassen. In der Zeit eine „Landschaft" legen aus gelben und braunen Tüchern (als Wüste), blauen Tüchern oder Kreppapier (als Jordan), aus schwarzen Tüchern einen gewundenen Weg legen, der zum Jordan führt. Außerdem müssen bereitgelegt werden: s. rechte Textspalte.*

In jenen Tagen trat Johannes der Täufer auf und verkündete in der Wüste von Judäa: Kehrt um! Denn das Himmelreich ist nahe.	*Zwei aus Papier ausgeschnittene Fußabdrücke werden auf die gelben Tücher am Fluß gelegt.*
Er war es, von dem der Prophet Jesaja gesagt hat: Eine Stimme ruft in der Wüste: Bereitet dem Herrn den Weg! Ebnet ihm die Straßen.	*Der gewundene Weg wird „begradigt".*
Johannes trug ein Gewand aus Kamelhaaren und einen ledernen Gürtel um seine Hüften; Heuschrecken und wilder Honig waren seine Nahrung. Die Leute von Jerusalem und ganz Judäa und aus der ganzen Jordangegend zogen zu ihm hinaus; sie bekannten ihre Sünden und ließen sich im Jordan von ihm taufen.	*Eine Glasschüssel mit Wasser wird neben die Fußspuren auf den Jordan gestellt.*
Als Johannes sah, daß viele Pharisäer und Sadduzäer zur Taufe kamen, sagte er zu ihnen: Ihr Schlangenbrut, wer hat euch denn gelehrt, daß ihr dem kommenden Gericht entrinnen könnt? Bringt Frucht hervor, die eure Umkehr zeigt, und meint nicht, ihr könntet sagen: Wir haben ja Abraham zum Vater. Denn ich sage euch: Gott kann aus diesen Steinen Kinder Abrahams machen.	*Steine werden gelegt als Zeichen für fehlende Frucht.*

Schon ist die Axt an die Wurzel der Bäume gelegt; jeder Baum, der keine gute Frucht hervorbringt, wird umgehauen und ins Feuer geworfen.

Einen Holzklotz/eine Baumscheibe niederlegen; eine Axt in den Holzklotz schlagen.
Aus roten und orangen Tüchern ein Feuer darstellen.

Ich taufe euch nur mit Wasser zum Zeichen der Umkehr. Der aber, der nach mir kommt, ist stärker als ich, und ich bin es nicht wert, ihm die Schuhe auszuziehen.

Ein Paar Sandalen auf die andere Flußseite stellen.

Er wird euch mit dem Heiligen Geist und mit Feuer taufen. Schon hält er die Schaufel in der Hand;

Zwei Gefäße neben die Sandalen stellen.

er wird die Spreu vom Weizen trennen und den

Mit der Hand durch das Gefäß mit dem Weizen fahren,

Weizen in seine Scheune bringen;

daß man die Körner sehen kann;

die Spreu aber wird er in nie verlöschendem Feuer verbrennen.

Spreu aus dem zweiten Gefäß ins Feuer aus Tüchern werfen.

Anschließend die Musik noch etwas nachspielen lassen, damit Zeit ist, den Gesamteindruck aufzunehmen.

Das Bild, das entstanden ist, könnte in etwa so aussehen:

Die Wüste

- Anregung: *Den Aspekt der Wüste besonders hervorheben und deuten. Der Text kann als Einstimmung dienen. Die anschließende Meditation kann verbunden werden mit der Einladung, einen gemeinsamen Wüstentag (z.B. als Vorbereitung auf Weihnachten) zu gestalten und zu verleben.*

Einführung

Ich habe Angst vor der Wüste und fliehe vor diesem Ort.
In der Wüste zu leben - ein scheußlicher Gedanke!
Die Wüste - ein vortrefflicher Lebensraum? Wie kann jemand nur auf solch eine Idee kommen?
Wüste: Ich spüre schon beim Hören des Wortes die Hitze, ich habe schon eine trockene Kehle und eine spröde, ausgetrocknete Haut. Ich fühle mich erschöpft, kraftlos, leer.

Mir klingt noch dieser Satz im Ohr nach, den ein Kollege über den Flur rief: „Scher dich fort, sonst schick' ich dich in die Wüste."
Bilder und Phantasien breiten sich vor meinen Augen aus: Ich bin allein, von den Menschen und der Gesellschaft ausgestoßen, Einsamkeit macht sich breit.
Ich lebe in einer Gegend, die öde, leer und eintönig ist. Kein Zeichen von Leben wird spürbar, der Tod und das Sterben begleiten mich ständig. Die Natur mit ihren Gefahren, mit Wind, Sturm, Sandhosen, riesigen, unüberwindbaren Sandhügeln, Hitze und Kälte, umgibt mich.
Hier soll ich leben, hier einen Ort finden, der zur Quelle des Lebens wird? Ein unvorstellbarer Gedanke für mich.

Es lebte Johannes der Täufer, er ging in die Wüste und fand sie erfrischend. Was war er für ein Mensch? Warum liebte er die Wüste? Erlebte er die Wüste anders?
Johannes hat die Wüste als einen Ort der Ruhe und Stille erlebt. Hier war er abgeschirmt vom Alltag, von Umweltreizen, tosendem Lärm und verblendeter Sichtweise, die in die Irre führen.
Johannes liebte die Einsamkeit der Wüste, um sich auf seine Botschaft vorzubereiten. Hier konnte er in sich hineinhorchen und sensibel werden für Fehlverhalten und Irritationen. In der Wüste entdeckte er den Haltepunkt und die Mitte, die sein Leben tragen.
Die Wüste verwandelte sich für ihn in eine große Oase, die die Wurzeln des Lebens tränkt und Kraft für neue Lebenswirklichkeiten spendet.
So wurde Johannes zum Rufer in der Wüste, der die Menschen aufrütteln wollte, damit sie zu einer neuen Lebensweise finden.

Meditation

Die Wüste, ein Ort, der weit weg, in Afrika, zu finden ist.
Die Wüste, ein Ort, der nicht nur dort existiert.
Die Wüste, ein Ort, den jeder erleben kann.
Die Wüste, ein Ort, der zur Entscheidung herausfordert.
Die Wüste, ein Risiko und eine Chance.

Wer sie betritt,
wer sie in sich selbst erlebt,
wer ganz auf sich gestellt,
wer nur auf sich angewiesen,
wer ohne andere,
ohne Ablenkung,
ohne Kontakte,
ohne zu handeln,
sie einfach an sich geschehen läßt,
der kann etwas erleben,
der läßt sich auf ein Abenteuer ein.

Ihm kann es geschehen,
daß vieles in ihm aufsteigt,
daß Vergangenes wieder wach wird,
daß Abgründe sichtbar werden, die sonst gut versteckt sind,
daß er über sich selbst erschrickt,
daß er Bildern begegnet, die ihm fremd sind,
daß Fragen aufkommen, die das Leben in Frage stellen,
daß er die Orientierung verliert,
daß die Wüste für ihn zum Alptraum wird.
Die Wüste, ein lebensfeindlicher Ort.
Die Wüste, ein Ort der Angst.
Die Wüste, ein Risiko.

Ihm kann es aber auch geschehen,
daß er neu entdeckt, was wirklich wichtig und was überflüssig ist,
daß sein Leben eine neue Orientierung findet,
daß er neue Wege und Ziele entdeckt,
daß er Kraft und Energie schöpft,
daß er die Dankbarkeit wiederfindet,
daß er sich auf seine Wurzeln besinnt,
daß die Wüste für ihn zur Quelle wird.
Die Wüste, ein lebenswerter Ort.
Die Wüste, eine Chance.

Wer die Wüste betritt,
der kann etwas erleben.
Es braucht Mut dazu,
eine Wüstenzeit zu suchen.
Wer die Wüste betritt,
der kann darauf hoffen,
daß er sie durchsteht
und daß sie eine Oase wird.

Der Adventszug

- Anregung: *Den Gedanken des „Adventszuges" als einen „roten Faden" in der Adventszeit nehmen. Hier ein möglicher Einstieg in das Thema. Eine Weiterführung des Gedankens an den weiteren Adventssonntagen bzw. in Kyriebitten oder Fürbitten.*
- Vorbereiten: *Kassettenrekorder und Aufnahme (Gleisdurchsage) vom Bahnhof; eventuell an alle TeilnehmerInnen eine (kopierte) Fahrkarte als Erinnerung und Gedankenanstoß verteilen.*

Gültig vom ______ November
bis 24.12.
Ausgabe Nr. 1

Klasse 1
Tarif: einfache Fahrt

zwischen 1. Advent
und Weihnachten

über 2., 3., 4. Advent

Verkaufsstelle
St. ____________
Tage
km
Preis 0,00 DM

Zu Beginn wird von einem Tonband eine am örtlichen Bahnhof aufgenommene Gleisdurchsage eingespielt.

1. SprecherIn: Das kennen wir. Wir wissen, woher wir kommen, wo wir sind und wohin wir wollen. Man sagt uns, von wo aus wir wohin zu gehen haben. Auf den Fahrplan brauchen wir gar nicht mehr zu schauen. Wir können uns auf die anderen verlassen: auf den Bahnhofssprecher, den Weichen- und Signalsteller, den Lokführer.

Man wird es schon richtig machen. Wir steigen also um, machen es uns im Abteil bequem, und ab geht die Weiterfahrt, dem Ziel - meinem Ziel? - entgegen.

(An dieser Stelle die Gleisdurchsage eventuell noch einmal wiederholen.)

2. SprecherIn: Advent! Wir wissen: Vorbereitung auf Weihnachten. Jedes Jahr dasselbe. Nach dem grauen November bleiben uns noch 4 Wochen, dann wird Weihnachten sein.

Das ist so, weil es auch in diesem Jahr im Kalender steht: 24. Dezember: Heiligabend, 25. und 26. Dezember: Weihnachten.

In der Kirche hören wir wieder mal von Johannes dem Täufer, von Buße und Umkehr, vom „Tau aus Himmelshöhn", von den brennenden Kerzen usw. Die Beleuchtung in den Straßen wird weihnachtlich, überall stehen geschmückte Tannenbäume, auch schon in vielen Wohnungen, Weihnachtsmusik klingt aus den Lautsprechern, bis wir es nicht mehr hören können.

Darauf können wir uns verlassen. Der Priester, der Kalender, die Geschäfte: Sie haben bestimmt recht: „Es weihnachtet sehr!"

Also hinein in den Trubel, damit wir Weihnachten - wirklich Weihnachten? - entgegeneilen.

3. SprecherIn: Stop! Sieht so der Zug Richtung Weihnachten aus? Sieht so der Advent aus? Wenn ja, bleiben wir da nicht auf der Strecke? Wir bleiben kurz vor unserem Zielbahnhof „Weihnachten" im dunklen Tunnel stecken. Aber fangen wir am Anfang an.

1. SprecherIn: Erster Advent: Die „heiße Phase" vor Weihnachten beginnt. Jetzt heißt es, den richtigen Zug zu erwischen. Umzusteigen aus den Pendelzügen des Alltags in den Zug Richtung Weihnachten.

Wir müssen uns darüber klar werden, welche Stationen noch kommen, damit wir jederzeit überprüfen können, ob wir auch tatsächlich im Zug in der richtigen Richtung sitzen. Aber dies nicht nur an den Haltestationen. Auch während der Fahrt heißt es, umsichtig, „wachsam", zu sein, aus dem Fenster zu schauen, abzuschalten, Ruhe zu suchen und wahrzunehmen, was um uns herum geschieht.

2. SprecherIn: Bei einer richtigen Eisenbahnfahrt kommt immer wieder der Schaffner und kontrolliert die Fahrausweise. Wir müssen uns selbst kontrollieren. Immer wieder. Haben wir einen gültigen Fahrausweis, oder sind wir „Schwarzfahrer"? Müßten wir nicht mal wieder nachlösen?

Nachlösen können wir überall. Nachlösen können wir, indem wir die Gemeinschaften, in denen wir leben, konstruktiv mitgestalten, indem wir uns Zeit nehmen für Familie und Freunde, indem wir uns Zeit nehmen für Jesus und uns ihm neu zuwenden.

3. *SprecherIn:* Nur noch wenige Meter, der Zug fährt langsamer. Nur noch wenige Meter, dann kommt der Anschlußzug „Weihnachten" in unseren Bahnhof. Jetzt heißt es schnell die Sachen zusammensuchen, damit man bei der Abfahrt nichts auf dem Bahnsteig stehenläßt und vergißt. Unser Gepäck wird im Zug verstaut. Jetzt heißt es für uns:
„Achtung, am Gleis 1 hat Einfahrt der Weihnachtszug über den ersten, zweiten, dritten und vierten Advent. Bitte Vorsicht bei der Einfahrt des Zuges!"

Gebet

Holt den Sohn vom Bahnhof ab.
Er kommt.
Man weiß nicht genau, mit welchem Zug,
aber die Ankunft ist gemeldet.
Es wäre gut, wenn jemand
dort auf und ab ging.
Sonst verpassen wir ihn.
Denn er kommt
nur einmal.

Rudolf Otto Wiemer

Der Adventswecker

- Anregung: *Der Text kann zur Einführung (z.B. in einem Familiengottesdienst) dienen, das Rollenspiel „Wachsam sein" (S. 35ff) der Vertiefung im Verkündigungsteil.*
- Biblischer Bezug: *Mt 24,42-44; Mk 13,33-37; Lk 12,35-40*
- Vorbereiten: *Wecker; für das Spiel: Sprecher und Kissen*

Einführung

Wir alle kennen den Kindervers: „Advent, Advent, ein Lichtlein brennt. Erst eins, dann zwei, dann drei, dann vier, dann steht das Christkind vor der Tür." Einige Kinder haben diesen Vers schon immer „auf die Schippe" genommen und ihn weitergedichtet: „Und wenn das fünfte Lichtlein brennt, dann hast du Weihnachten verpennt!" Um dies zu verhindern, habe ich diesen Wecker

mitgebracht. Wir wissen, wie wichtig er morgens ist; wehe dem, der sein Klingeln überhört, obwohl es durch Mark und Bein geht.
(Den Wecker schellen lassen.)
So ein Wecker für Weihnachten ist der Advent: Eine Zeit des Wachrüttelns und Wachwerdens. Für viele von uns ist der Advent eine anstrengende Zeit. Einkäufe müssen gemacht werden, die Wohnung muß geputzt und geschmückt werden, Plätzchen müssen gebacken werden, Geschenke müssen überlegt werden, und außerdem finden viele Advents- und Weihnachtsfeiern statt.
Der Adventswecker kann uns wachrütteln aus dem vorweihnachtlichen Trott und uns einladen zu überlegen, was wirklich wichtig ist in dieser Zeit und für unser Leben, was am Ende wirklich zählt.
Advent - es ist Zeit, vom Schlafe aufzustehen!
Advent - es ist Zeit, wachsam zu sein!
(Den Wecker noch einmal schellen lassen.)

Gebet

Guter Gott, wir wollen als wache Christen ein Leben in deiner Liebe führen. Wir wollen Hoffnung und Vertrauen schenken, damit es wirklich Weihnachten in unserer Welt werden kann.
Gott, du brauchst Menschen, die die Not anderer sehen und gerne helfen. Dazu brauchst du auch uns.
Gott, du brauchst Menschen, die Frieden stiften und die Hand zur Versöhnung reichen. Dazu brauchst du auch uns.
Gott, du brauchst Menschen, die dankbar deine Gaben annehmen und deine Schöpfung schützen und bewahren. Dazu brauchst du auch uns.
Es ist nicht leicht, als wacher Christ zu leben und die Augen und Herzen zu öffnen für die Welt und die Menschen ringsum. Hilf uns, wenn wir uns bemühen, dir nachzufolgen.

Wachsam sein

- Anregung *für ein Anspiel (z.B. im Familiengottesdienst)*
- Biblische Bezüge: *Mt 24,42-44; Mk 13,33-37; Lk 12,35-40*
- Beteiligte Personen/Sprecher: *Erzähler, der Mann und 6 SprecherInnen*
- Vorbereiten: *6 Kissen, Wecker*

Erzähler: Es war einmal ein Mann, der hatte sehr viel von Gott bekommen. Er hatte ein reiches, bequemes, sicheres Leben.

(Die Sprecher 1 - 6 legen nach dem Vorlesen ein Kissen auf den Boden.)

1. SprecherIn: Er hatte ein freundliches Leben und eine sichere Zukunft.

2. SprecherIn: Er besaß Klugheit, Menschen zu verstehen, sein Wort zu machen und seine Interessen wahrzunehmen.

3. SprecherIn: Er hatte gute Freunde, die ihm mit Rat und Tat zur Seite standen.

4. SprecherIn: Er besaß ein Haus, eine Familie, ein volles Bankkonto und einen sicheren Arbeitsplatz.

5. SprecherIn: Er hatte positive Fähigkeiten und Eigenschaften.

6. SprecherIn: Er betete zu Gott, wenn es ihm einmal nicht so gut ging oder er Bitten hatte.

Der Mann: Ja, ja, ich führe ein gutes, sicheres Leben. Ohne Fleiß kein Preis! *(Er legt sich auf die Kissen.)*

Erzähler: Ja, da ruht er nun. Er fühlt sich wohl. Er liegt weich, bequem, warm und geborgen.

Doch dann? Sein freundliches, sein angenehmes Leben macht ihn träge. Er fühlt sich sicher, allzu sicher, er vergißt den, der ihm dies freundliche Leben schenkte. Er denkt nicht mehr an Gott, denkt nicht mehr an ein waches und christliches Leben. Er macht sich selbst zum Maßstab und denkt nur noch an seinen eigenen Vorteil. *(Der Erzähler läßt den Wecker klingeln.)*

(Die Sprecher 1 - 6 ziehen nach dem Vorlesen ihr Kissen unter dem Mann wieder weg.)

1. SprecherIn: Was machst du aus deinem Leben und deiner Zukunft? Hast du noch Pläne, Hoffnungen und Ziele?

2. SprecherIn: Warum verschließt du dein Herz und deinen Verstand und denkst nur noch an dich?

3. SprecherIn: Warum nimmst du deine Freunde, dein Leben und deine Situation wie selbstverständlich hin? Als ob du doch gar nichts anderes verdient hättest?

4. SprecherIn: Warum vergißt du, dankbar zu sein, und vergißt Gott, weil es dir gut geht?

5. SprecherIn: Was machst du für andere aus deinen Fähigkeiten und Eigenschaften? Warum setzt du sie, warum setzt du dich nicht für andere ein?

6. SprecherIn: Warum betest du nur, wenn es dir schlecht geht? Warum forderst du nur von Gott: Gib mir dies, gib mir das?

Erzähler: Das schöne Leben in der Wärme und Geborgenheit, in der Sicherheit und Bequemlichkeit hat er vertan durch seine Trägheit und Gleichgültigkeit. Kalt und hart wie der Boden, auf dem er jetzt liegt, so wird sein Leben ohne Gott sein.

Jesus sagt uns allen: Bleibt in meiner Liebe! Werdet nicht gleichgültig! Seid wachsam in eurer Freundschaft mit Gott, dann wird auch Gott ein treuer Freund für euch sein.

Advent – es ist Zeit, vom Schlafe aufzustehen!
Advent – es ist Zeit, wachsam zu sein!
(Den Wecker noch einmal schellen lassen.)

Advent – die Tür Gottes

Advent, die Tür Gottes in diese Welt.
Advent, die Tür Gottes in mein Leben.
Advent, die Tür Gottes.

Komm, Herr, tritt in mein Leben und Arbeiten,
damit mein Glaube nicht erlischt,
damit ich neue Worte finde, von dir zu erzählen,
damit ich glaubwürdig bin und ehrlich,
damit ich Problemen und Fragen nicht aus dem Weg gehe,
damit ich keine Angst habe, alleine zu sein und klein,
damit ich nie aufhöre zu fragen,
damit ich dich erleben kann,
damit ich nicht aufhöre, dich zu suchen in meinem Leben
und dich zu benennen, wenn ich dir begegne,
damit die Türen offen bleiben,
damit alles einen Sinn hat,
damit ich nicht aufhöre, zu bitten und zu danken,
damit ich durch dich menschlicher werde,
damit du in mir Mensch werden kannst.
Komm, Herr, tritt ein durch die Tür des Advents.

2. Weihnachten

Meditation

- Anregung: *Text als Besinnung nach der Kommunion im Gottesdienst einsetzen.*

Manchmal geschieht es, daß Menschen gut zu anderen sind und füreinander sorgen. - Darin zeigt sich etwas von Gott.
Manchmal geschieht es, daß Menschen einen Streit beenden und sich wieder vertragen. - Darin zeigt sich etwas von Gott.
Manchmal geschieht es, daß Menschen sich einsetzen für Schwächere, denen Unrecht geschieht. - Darin zeigt sich etwas von Gott.
Manchmal geschieht es, daß Menschen Worte sprechen, die andere froh machen und ihnen die Angst wegnehmen. - Darin zeigt sich etwas von Gott.
Manchmal geschieht es, daß Menschen teilen und verzichten zum Wohl von anderen. - Darin zeigt sich etwas von Gott.
Manchmal geschieht es, daß Menschen ohne Vorurteile und Hintergedanken auf Fremde zugehen. - Darin zeigt sich etwas von Gott.
Manchmal wird Weihnachten Wirklichkeit - auch heute!

Quelle unbekannt

Gebet

Guter Gott,
das Weihnachtsfest ist da (rückt näher).
Doch wirklich Weihnachten ist erst,
wenn wir dich aufnehmen,
wenn du bei uns ankommen kannst,
wenn du bei uns einen Platz gefunden hast.
Wirklich Weihnachten ist erst,
wenn wir Mensch werden, wie du Mensch geworden bist,
wenn wir das, was in uns ist, entfalten:
unsere Talente, unsere Möglichkeiten,
unsere Träume und Hoffnungen,
unsere Sehnsüchte und Wünsche,

wenn wir uns und unsere Welt gestalten,
wie du sie gemeint hast.
Überall, wo wir das tun,
wird ein Stück von Gott in diese Welt eintreten.
Da kommst du auf uns zu,
da wird Weihnachten.
Sei bei uns mit deiner Liebe und Zuneigung,
und segne unser Tun.

Weihnachten – ein Geschenk Gottes

Eröffnungs- und Wortgottesdienstteil am Heiligen Abend

- Anregung: *Die Tradition des Schenkens auf das Weihnachtsereignis übertragen und als Leitfaden für den Gottesdienst einbringen.*

Einführung

Schenken und Beschenktwerden gehört neben einem festlichen Essen und der Meßfeier für die meisten von uns zum Heiligen Abend.
Schenken und Beschenktwerden: Viele Geschenke werden heute gemacht. Unter dem Tannenbaum liegen Krawatten und Socken, Parfüm und Kleidung, Sportgeräte und Spielzeug, elektrische Maschinen und Computer. Wir alle kennen die große Palette von Möglichkeiten.
Auch wir möchten Ihnen nun etwas schenken. Damit wir das Geschenk verstehen, müssen wir alle Lichter in der Kirche löschen.
(Alle elektrischen Lichter bis auf eine unauffällige Leselampe am Mikrophon werden ausgemacht.)

Meditation

Finsternis! Dunkelheit!
Wir haben Mühe, uns zurechtzufinden.
Dunkelheit ist unheimlich und bedrückend.
Dunkelheit, das ist nicht nur Abwesenheit einer Lichtquelle.
Dunkelheit bedeutet auch Unklarheit, Ausweglosigkeit, Orientierungslosigkeit.
Dunkelheit ist das, was ich an mir und an anderen nicht verstehe.
Dunkelheit, das macht den anderen zum Rätsel, ich sehe ihn nicht.
(An dieser Stelle eventuell Kyrie-Ruf einfügen: VorsängerIn/Gemeinde.)

Wir schenken Ihnen nun etwas, wir schenken Ihnen Licht.
(Ausgehend von einer Kerze an der Krippe werden im Kirchenschiff z.B. die Apostelleuchter entzündet, vielleicht hat auch jede/r GottesdienstteilnehmerIn eine kleine Kerze erhalten. Zum Entzünden der Kerzen meditative Musik einspielen.)
Wir haben Ihnen Licht geschenkt.
Weniger Dunkelheit bedeutet weniger Angst, mehr Sicherheit, mehr Klarheit.
Licht macht den Blick hell. Schauen Sie sich an!
Jetzt können Sie sich sehen.
Wir haben Ihnen kein Licht geschenkt, das unbarmherzig grell ist;
kein Licht, das bloßstellt und durchleuchtet.
Nein, ein warmes, barmherziges Licht.
Jeder soll heute abend den anderen in einem guten Licht sehen.
Wir haben Ihnen Licht geschenkt, damit Sie einen Blick füreinander bekommen, den Weg zueinander leichter finden; damit Sie das Wichtigste verschenken können, was Sie haben, sich selbst.
Wir wissen es längst:
Schenken und Beschenktwerden macht Freude.
Das Geschenk muß ein Zeichen sein, das „stimmt" und „wahr" ist.
Schenken braucht Zeit für den anderen.
Mit dem Geschenk schenke ich mich selbst mit.
Schenken braucht Überlegung, wie es beim anderen ankommt.
Schenken braucht Phantasie...
Gott selber hatte an Weihnachten diese Phantasie.
Er verschenkte seinen Sohn an uns.
Wer begriffen hat, was Schenken ist,
wer begriffen hat, wie Schenken sein soll,
der hat viel von Weihnachten begriffen.
Dem hat das Licht die Dunkelheit hell gemacht.
Der wird fähig sein zu träumen, daß Weihnachten hell und frei und sehend machen kann.
Auch heute...

(Lied)

So ist es. Gott schenkt. Umsonst.
Er schenkt denen, die unbeachtet sind.
Er schenkt denen, die es nicht verdienen.
Er schenkt denen, die im Dunkel sitzen, Licht.
Weihnachten hat er wahr gemacht, was schon der Prophet Jesaja vorausgesehen hat.

Lesung: Jesaja 9,1-6

Das Volk, das im Dunkel lebt, sieht ein helles Licht.
Wer sich von diesem Licht beschenken läßt, der kann sehen.
Der wird fähig aufzubrechen in eine neue Zukunft, in ein anderes Land.
Und dieses Licht, das uns zu neuen Taten befähigt,
dieses Licht - genannt Jesus von Nazaret, geboren in einem Stall -,
dieses Licht hat in seinem Leben das getan, was auch eben, vor ein paar Minuten, mit uns geschehen ist, als uns Licht geschenkt wurde.
Er hat vielen Menschen die Augen geöffnet, und sie erkannten sich selbst viel besser, sie bekamen einen Blick für die Menschen um sie herum, und sie wußten endlich, wo Gott zu finden ist: im Bruder, in der Schwester neben mir.
Feiern wir nun das wunderbare Geschenk Gottes an uns,
die Geburt unseres Herrn Jesus Christus.

Glorialied, dazu wird das elektrische Licht, soweit nötig, wieder angemacht (z.B. an den Tannenbäumen).
Es folgen: Tagesgebet, Evangelium, Predigt, Credo.

Fürbitten

Guter Gott, wir feiern das Geschenk der Geburt deines Sohnes. Wir bitten an diesem Abend für die Menschen, die noch darauf warten, daß ihre Dunkelheit hell wird.

- Wir bitten dich für alle einsamen, verzweifelten und kranken Menschen, die keine Freude mehr am Leben haben. Gib ihnen Trost, und schenke ihnen mitfühlende Menschen, die ihren Schmerz teilen und ihnen neuen Mut zusprechen.
- Wir bitten dich für die Hungernden in N. und für alle, die in N. und anderswo Krieg, Unruhe und Verfolgung erleiden. Schenke ihnen Gerechtigkeit und Frieden, und gib, daß tatkräftige Unterstützung und Solidarität ihrer Mitmenschen für sie spürbar werden.
- Wir bitten für alle, die keinen Sinn mehr in ihrem Leben sehen und im Glauben keine Kraft mehr finden. Schenke ihnen neue Sehnsucht, den Weg zu dir zu suchen und einen neuen Sinn für ihr Leben zu entdecken.
- Wir bitten dich für die Gemeinden deiner Kirche. Schenke ihnen Gemeinschaft und Einigkeit, und hilf ihnen bei ihrem Versuch, dein Wort zu leben.
- Wir bitten dich für unsere Familien. Schenke ihnen Zusammenhalt, und laß sie Zeit finden füreinander und für Gespräche.
- Wir bitten dich für unsere Verstorbenen. Nimm sie zu dir, und schenke ihnen den vollen Glanz deines Lichtes.

Guter Gott, wir tragen diese Bitten vor dich und vertrauen darauf, daß du sie hörst. Wir tragen sie vor dich, weil wir uns wünschen, daß hier bei uns und überall auf der Welt Weihnachten werden soll.

Gebet (Präfation)

Gott, der du verborgen bist, wir wollen dich preisen.
Denn uns ist ein Licht aufgegangen - Licht von deinem Licht, Leben von deinem Leben, Jesus von Nazaret.
Er ist der Funke Feuer im Pulverfaß unserer Welt.
Er ist das wahre Licht, das unser Leben hell macht.
Er ist dein Wort, das Fleisch annahm, dein Wort, das Hand und Fuß hat: Hand, die Brot verteilt, und Fuß, der auf uns zukommt, wo immer wir uns befinden.
Er ist dein Wort, das uns Nahrung wurde, zum Brot vom Himmel für unsere Erde.
Er ist unser Weg. Er ist unser Himmel.
Er ist unsere Hoffnung. Er ist in uns allen.
Sein Geist verwandelt uns alle.
Um seinetwillen, der dich bis aufs Blut glaubhaft verkündete, preisen wir dich...

Einladung zur Kommunion

Manchmal träumen wir von einem Brot, das alle sättigt,
von einem Wein, der unsere Nüchternheit besiegt.
Von einem Leben, das nicht auf Kosten anderer gelebt wird,
sondern verschenkt wird für den Nächsten.
Laßt uns diesen Traum wahr machen,
indem wir Jesus Christus selbst unter den Zeichen von Brot und Wein unter uns verschenken.

Schlußgebet

Herr, unser Gott,
weil Jesus geboren wurde, können wir hoffen. Wir danken dir dafür.
Wir bitten dich:
Laß es Licht werden für alle, die im Dunkel sind;
komm denen entgegen, die mutlos sind und traurig.
Komm auch zu uns.
Nimm weg aus unserer Mitte, was das Licht nicht verträgt.

Laß uns sehen, wenigstens für einen Augenblick, an diesem Abend, an diesen Tagen der Weihnacht, daß das Unmögliche möglich ist;
daß wir, wie alt und groß wir auch sind, klein werden können und wiedergeboren,
daß dies geschehen kann: „Friede auf Erden",
die Angst beschworen, der Hunger gestillt, Brot gebrochen, Freude geteilt,
das Sich-selbst-verschenken-Können von Mensch zu Mensch. Amen.

Teilweise nach Peter Bleeser

Weihnacht der Hirten

Gottesdienst

- Anregung: *Einen Weihnachtsgottesdienst der Gemeinde mit Blick auf die Hirten gestalten. Verschiedene aufeinander folgende Elemente sind aufgeführt.*

Ein Hirte von damals erzählt:
Ich bin ein Hirte von damals, von damals in Bethlehem. Tagelang ziehe ich mit meiner Herde umher auf der Suche nach Weideplätzen und Wasserstellen. Das ist sehr beschwerlich, und oft komme ich monatelang an keinem Dorf vorbei. Da ich Tag und Nacht mit meiner Herde unterwegs bin, kann ich die Reinheitsgebote und Sabbatgebote der Juden nicht beachten und einhalten. Oft verzweifle ich daran, wie die Menschen mich deswegen behandeln. Komme ich in eine Stadt, so werden mir nur verächtliche Blicke zugeworfen. Man traut uns Hirten nicht. Ich darf noch nicht einmal als Zeuge vor Gericht auftreten, weil ich als verlogen und unehrlich gelte. Ich sitze im Dunkel der Einsamkeit außerhalb der Gesellschaft und im Dunkel der Nacht abseits der Dörfer und Städte.
Wer könnte heute so ein Hirte sein?

- Nicht der, der hoch oben lebt, sondern der, der ganz unten ist, abgestiegen, abgewrackt,
- der einfach ist und unkompliziert oder eben umgekehrt: schwierig und voller Komplexe,
- der nicht mehr mitkommt mit all dem, was heutzutage passiert,
- der viele Fehler hat und sie verbergen muß,
- der nicht weiß, wo er seine Schuld abladen kann und jemanden zum Reden findet,
- der nicht weiß, woher er für alles die Kraft holen soll,
- der kaum noch Freunde hat.

Gebet

Herr, du kommst besonders zu denen, die es im Leben schwer haben.
Manchen machen wir das Leben schwer.
Andere müssen sich mit widrigen Lebensumständen auseinandersetzen und damit zurechtkommen.
Du forderst uns an Weihnachten besonders auf, dir nachzufolgen,
neue Wege zu gehen,
neue Begegnungen zu suchen,
neu auf die Menschen zuzugehen,
neu wahrzunehmen, wie andere leben müssen, und
uns neu einzusetzen für eine bessere Welt.

Weihnachtsevangelium: Lk 2,1-20

Ein Hirte erzählt

Wir brachen sofort auf, nachdem die Engel uns die Botschaft gebracht hatten. Gewundert haben wir uns natürlich schon, und verstanden haben wir es nicht. Doch unterwegs kamen uns Zweifel. Was, wenn alles wahr war und wirklich der Messias geboren war, wir hatten ja nichts, was wir schenken konnten. So arm, wie wir waren und sind, was hatten wir bei dem Herrn zu suchen, wir, die Hirten, die Verachteten?
Aber doch, etwas zog uns weiter. Wir kamen zu dem Stall, und als wir eintraten und das Kind sahen, das da so armselig im Stroh lag, da erkannten wir, warum wir da waren. Wir hatten das Gefühl, mit dem Kind verwachsen zu sein. Lange standen wir so, bis einer von uns das Schweigen brach und sagte: „Du, Kind, bist aus unserer Welt - aus der Welt der Not, der Plage und des Zweifels. Wir wollen dir geben, was uns und dir gemeinsam ist."
Und einer von uns nahm einige seiner Lumpen, mit denen er bekleidet war, legte sie auf das Stroh in die Krippe und sagte: „Nimm meine Lumpen. Du wirst sie einst tragen, wenn sie dir deine Kleider abnehmen und du allein und nackt sein wirst. Denke dann an mich."
Ein anderer nahm Dornenzweige, in denen er unterwegs hängengeblieben war und die ihn blutig gekratzt hatten, von seinem Mantel, an dem sie noch immer hingen. Er sagte: „Nimm diese Dornen. Du wirst sie einst tragen, wenn sie dich verhöhnen und verspotten. Denke dann an mich."
Ich beugte mich über das Kind und sagte: „Ich habe eigentlich nichts, außer meinem Zweifel und meiner Gottverlassenheit. Ich kann sie allein kaum noch tragen. Sie sind mir zu schwer. Teile sie mit mir. Trage sie vor Gott, wenn es soweit ist."

Josef griff in die Krippe, um Lumpen und Dornen wegzunehmen. Aber sie ließen sich nicht aufheben. Es war, als ob sie mit dem Kind verwachsen wären. Und wir Hirten? Nach langem Schweigen haben wir uns erhoben. Wir streckten uns, als ob etwas Schweres von uns gefallen wäre. Wir hatten einen Ort gefunden, wo wir unsere Last niederlegen konnten. Und als wir aus dem Stall hinaustraten und zu unseren Herden zurückkehrten, taten wir es mit zuversichtlichem Blick und festem Schritt.

Zur Entlassung

Und es waren Menschen in der St.-N.-Kirche. Von denen gingen welche nach Hause zu ihrer Bescherung und sagten: Es war wieder eine recht stimmungsvolle Feier. Oder: Dies und jenes war voriges Jahr schöner. Somit blieb für sie alles beim alten.

Es waren aber auch einige unter ihnen, die ließen es sich von neuem gefallen, daß sie und alle Menschen in ihrem Leben nichts nötiger brauchen als den göttlichen Retter.

Als ihnen das aufging, da wurden ihre Augen aufgetan. Sie hatten erkannt, daß sie bei dem Kind in der Krippe alles abladen können, was sie bedrückt.

Sie hatten den Ort gefunden, wo sie ihre Last niederlegen konnten. Sie wußten, daß bei diesem Kind alles in guten Händen bewahrt wurde.

Mit zuversichtlichem Blick und festem Schritt traten sie aus der Kirche heraus in ihre heller scheinende Welt. So begann das Christfest für sie: Sie gingen nach Bethlehem und fanden in den Windeln den göttlichen Retter.

Gott wird Mensch

Aus der Allmacht - in die Ohnmacht einer Krippe,
aus Mächten und Gewalten - in die Wehrlosigkeit eines Kindes,
aus der Unendlichkeit - in die Geschichte der Welt,
aus der Ewigkeit - in die Endlichkeit menschlichen Lebens,
aus der Unnahbarkeit - in die Arme einer Mutter,
aus nie erlöschendem Licht - in die Dunkelheit der Heiligen Nacht,
aus ewigem Ratschluß - in die Heillosigkeit der Welt,
aus göttlicher Liebe - in die menschliche Hoffnungslosigkeit.
Gott wird Mensch.

3. Passion und Ostern

„Vor den Kopf geschlagen“

Impuls

- Anregung: *Den folgenden Text als Einführung in die Thematik Trauer, Leid, Kreuz vortragen. Eventuell können auf einem Plakat unter der Überschrift „Vor den Kopf geschlagen“ zunächst Empfindungen, Gedanken und Situationen gesammelt werden.*

Versetzen Sie sich einmal in diese Situation: Sie sitzen am Arbeitsplatz und erledigen Ihre tägliche Arbeit. Nach der Frühstückspause teilt Ihnen ein Kollege die Nachricht vom Tod Ihres Chefs mit.
Die Nachricht wirkt in Ihnen. Sie sind fassungslos, erschrocken, wie vom Blitz getroffen, vor den Kopf geschlagen, Sie atmen tief durch, Ihr Hals ist zugeschnürt. Sie wollen etwas sagen, es geht nicht.
Die Kunde macht ihre Runde durch den Betrieb. Alle Mitarbeiter sind wie gelähmt.
Die ersten Reaktionen lauten:
„Nein, das glaube ich nicht.“
„Ich kann es gar nicht fassen.“
„Was soll aus dem Betrieb werden?“
„Der Chef war doch wie ein Vater zu uns...“
„Ich konnte ihm alles sagen...“
„Er machte mir Mut, wenn die Energie nachließ...“
„Er war ein Chef, der die Mitarbeiter kannte.“
In der Mittagspause sagt ein Kollege zu mir: „Du, ich muß dir ehrlich sagen, ich habe Angst. Angst vor der beruflichen Zukunft, Angst, den Arbeitsplatz zu verlieren. Ich fühle mich wie tot. Ich weiß nicht, wie es weitergehen soll, ich bin wie vor den Kopf geschlagen. Der Chef fehlt mir. Unter seiner Regie war alles klar, deutlich zu erkennen. Was soll dieser Tod bedeuten? Welchen Sinn hat er? Er zeigt uns allen den Weg, die Spur. Jetzt? Was nun?“

Zerstört

Plötzlich ist nichts mehr, wie es war.
Die Nachricht haut mich um,
sie wirft mich aus der Bahn.
Zerstört ist, was vorher so sicher schien,
zerstört sind die Planungen und Perspektiven.
Wie ein Blitzschlag trifft es mich.
Die Sicherheit ist dahin.
Das hat mich aus dem Konzept gebracht.
Ich bin sprachlos.

Dann kommen die Fragen:
Wie konnte das geschehen?
Warum gerade ich?
Hätte ich es verhindern können?
Habe ich eine Schuld an dem, was passiert ist?
Was soll nun werden?
Ist jetzt alles aus?
Wie soll es weitergehen?

Kreuzweg

- Anregung: *Die verschiedenen Abschnitte des Textes als Kreuzweg einsetzen oder als Einschübe in die Passionsgeschichte.*

1. Verurteilen

Alles entschieden, alles verloren.
Unschuldig verurteilt.
Verurteilt im Namen des Volkes.
Verurteilt im Namen des Gesetzes.
Verurteilt in den Köpfen der Menschen.
Verurteilt vor aller Welt.
Heute wie damals.
Jesus unschuldig verurteilt.
Verurteilt der, der nie Urteile fällte.
Verurteilt der, der Menschen über das Gesetz stellte.
Verurteilt der, der nie Macht und Einfluß wollte.
Verurteilt der, der den Menschen Gott nahebrachte.
Verurteilt aus Angst vor dem Verlust der Macht.
Und heute?

Heute werden Menschen verurteilt durch Vorurteile, Konventionen, Angst.
Verurteilt aufgrund ihrer Hautfarbe, Religion, Volkszugehörigkeit.
Unschuldig verurteilt.

Herr, es ist einfach, Richter zu sein,
Menschen zu ver-urteilen, be-urteilen.
Es ist so bequem, Menschen einzuteilen,
sie den Schubladen in meinem Kopf zuzuordnen.
Herr, erbarme dich.

2. Stürzen

Kraftlos, mutlos,
niederfallen, zusammenbrechen.
Stürzen unter der Last eines Kreuzes.
Stürzen unter der Last der Verantwortung.
Stürzen vor den Augen der anderen.
Stürzen, weil die Kraft zu Ende ist.
Heute wie damals.
Jesus stürzt unter der Last des Kreuzes.
Stürzt, alleingelassen und geschwächt.
Stürzt, er, der die Gebückten aufrichtete.
Stürzt, er, der anderen weiterhalf.
Stürzt, er, der anderen Kraft und Zukunft gab.
Stürzt, weil die Last zu schwer wird, die sie ihm aufbürden.
Und heute?
Menschen stürzen unter der Last von Erwartungen, Konkurrenz,
Termindruck und Leistungsanspruch.
Stürzen, alleingelassen und am Ende ihrer Kraft.

Herr, wie oft haben wir das beobachtet:
Menschen, die stürzen vor unseren Augen, in unserer Umgebung.
Und niemand wußte von der Last, die sie drückte.
Und wir stehen daneben als Schaulustige.
Herr, erbarme dich.

3. Weinen

Voller Mitleid und Mitgefühl treten Tränen in die Augen.
Weinen, weil Worte nichts mehr ausdrücken können.
Weinen, aus Hilflosigkeit.
Weinen, weil man nicht helfen kann.

Weinen, weil alles so schrecklich, so aussichtslos ist.
Weinen, weil man es nicht mehr ertragen kann.
Heute wie damals.
Frauen am Weg weinen über den Kreuzweg Jesu.
Weinen, weil die Hoffnung mit ihm stirbt.
Weinen, weil er ihnen so leid tut.
Weinen über den, der die Tränen trocknete.
Weinen über den, der Mitleid hatte.
Weinen über den, der sich berühren ließ vom Leid der Menschen.
Und heute?
Menschen weinen angesichts von Flucht und Krankheit,
von Katastrophen und Krieg,
von Tod und Elend.
Weinen aus Mitleid und Hilflosigkeit.

Herr, wie können es nicht ertragen, andere weinen zu sehen.
Es ist uns unangenehm und peinlich.
Die Not in der weiten Welt und der Mitmenschen unserer Umgebung
berührt uns nur am Rande.
Herr, erbarme dich.

4. Berauben

Völlig wehrlos das letzte Eigentum verlieren.
Beraubt des Besitzes.
Beraubt der Menschenrechte.
Beraubt der Menschenwürde.
Beraubt des Lebens.
Heute wie damals.
Jesus wird seiner Kleider beraubt.
Beraubt und bloßgestellt vor den Augen der Soldaten.
Beraubt des letzten Schutzes.
Beraubt der, der andere zärtlich berührte.
Beraubt der, der andere einhüllte in die Liebe Gottes.
Beraubt der, der Geborgenheit und Liebe schenkte.
Beraubt seiner Kleidung und seines Lebens.
Und heute?
Menschen werden ihrer Persönlichkeit, ihrer Rechte, ihrer Freiheit beraubt.
Gefoltert und eingesperrt, bloßgestellt in Worten und Taten.
Beraubt ihres Besitzes und ihrer Zukunft.

Herr, beraubt haben wir noch niemanden –

vielleicht einmal jemanden bloßgestellt, blamiert, lächerlich gemacht.
Die Lacher auf unserer Seite gehabt.
Unsere Macht ausgespielt über Ohnmächtige und Wehrlose.
Herr, erbarme dich.

5. Sterben

Das Leben geht zu Ende. Der Übergang zum Tod.
Sterben.
Sterben nach langem Warten auf den Tod.
Sterben, weil der Tod eine Erlösung ist.
Sterben und nicht wissen, was danach kommt.
Angst vor dem Tod.
Heute wie damals.
Jesus stirbt am Kreuz.
Sein Tod dauert sechs qualvolle Stunden.
Sterben, er, der das Leben verkündete.
Sterben, er, der Tote erweckte.
Sterben, er, der das Reich Gottes anbrechen ließ.
Sterben nach einem Leben für die Menschen.
Sterben, und alles ist aus. Alles war umsonst?
Ein sinnloser Tod?
Und heute?
Menschen sterben nach langer Krankheit und ganz unerwartet, in hohem Alter und als Kinder, als Fremde und Verwandte, friedlich und verzweifelt.
Menschen sterben am Ende ihres Lebens und sind wie tot, obwohl sie noch leben.
Der Tod hat viele Gesichter.

Herr, es ist schwer, mit dem Tod zu leben,
mit der Gewißheit seines Kommens.
Es ist schwer, Menschen sterben zu sehen und bei ihnen zu bleiben.
Wir haben Angst vor dem Sterben und dem Tod.
Herr, erbarme dich.

Moderne Passion

- Anregung: *Texte einsetzen für eine Gebetsstunde (z.B. Gründonnerstag) oder als ergänzende Einschübe in die Passion.*
  Beim Vortragen die Texte möglicherweise durch Musik unterbrechen oder durch passende Bilder/Dias, z.B. von Walter Habdank, unterstützen. (Eventuell die zu den Personen passenden Bibeltexte ergänzen.)

Judas

- Biblische Bezüge: *Mt 26,47-50; Mk 14,43-46; Lk 22,47-48; Joh 18,2-5*

Der moderne Judas küßt nicht.
Der moderne Judas ist geübt im Verrat.
Der Judas von heute hält sich die Augen zu, um das Leiden nicht zu sehen.
Der Judas von heute hält sich die Ohren zu, um die Schreie nicht zu hören.
Der Judas von heute hält sich die Nase zu, um die Ungerechtigkeit nicht zu wittern.
Der Judas von heute verschließt sein Herz, um die Not nicht an sich heranzulassen.
Der moderne Judas küßt nicht.
Der moderne Judas ist geübt im Verrat.
Der Judas von heute macht den Mund weit auf, um den Lärm der Zeit noch zu übertönen.
Der Judas von heute macht den Mund weit auf, um seine eigenen Wünsche, Vorteile, Pläne durchzusetzen um jeden Preis.

Denn sonst, im Schweigen, in der Stille
könnte es ihm passieren, daß er Gott rufen hört:
Mein Mensch, mein Mensch, du hast mich verraten.
Und es könnte ihm passieren,
daß er hinter diesem Ruf die Liebe erkennt,
die damals am Kreuz so deutlich war,
die damals am Kreuz so glaubhaft war,
die damals am Kreuz allen galt ohne Wenn und Aber.
Es könnte ihm passieren, daß er diese Liebe zu lieben begänne,
aus Überzeugung, aus Begeisterung für das Leben.
Warum eigentlich nicht, Judas?
Traue der Stimme deines Herzens.
Traue diesem Weg der Liebe, der Hoffnung und des Lebens.

Petrus

- Biblische Bezüge: *Mt 26,69-75; Mk 14,66-72; Lk 22,54-62; Joh 18,15-27*

Der moderne Petrus leugnet nicht.
Der moderne Petrus ist geübt in der Ausrede, perfekt im Ausweichen.
Der Petrus von heute hat Traditionen zur Verfügung, auf die er sich beziehen kann.
Der Petrus von heute kann sich auf Macht berufen, die ihn absichert.
Der Petrus von heute weiß Formen und Floskeln, die ihn unangreifbar machen.
Der Petrus von heute kann sich verstecken hinter Gesetzestexten und Vorschriften.
Und heute fragen nicht nur Mägde, und es krähen nicht nur Hähne.
Der moderne Petrus leugnet nicht.
Der moderne Petrus ist geübt in der Ausrede.

Denn sonst, im Spiegel der Wahrheit und des Gewissens,
könnte es ihm passieren,
daß er Gottes Antlitz sieht in den Gesichtern der Menschen,
daß er Gottes Anspruch hört in dem Gesicht der Welt.
Und es könnte ihm passieren, daß er erkennt, was Nachfolge ist:
Gott in den Menschen auf die Spur zu kommen,
Gott durch die Menschen auf die Schliche zu kommen.
Und es könnte ihm passieren, daß er endlich sagen könnte:
Danke, Herr, daß du mich brauchst in dieser Welt.
Und es könnte ihm passieren, daß er diese Welt zu lieben begänne,
aus Überzeugung und aus Begeisterung für die Wahrheit.
Warum eigentlich nicht, Petrus?
Traue der Stimme deines Gewissens.
Traue diesem Weg der Gewaltlosigkeit, des Mutes und der Freiheit.

Pilatus

- Biblische Bezüge: *Mt 27,11-26; Mk 15,1-15; Lk 23,1-25; Joh18,28-19,16*

Der moderne Pilatus wäscht sich nicht die Hände.
Der moderne Pilatus ist geübt im Rückzug.
Der Pilatus von heute kann sich auf höhere Gewalt berufen.
Der Pilatus von heute denkt nicht selbst, denn er unterliegt den Befehlen und Strukturen.
Der Pilatus von heute hat ein reines Gewissen, weil er es nicht benutzt.
Der moderne Pilatus wäscht sich nicht die Hände.

Der moderne Pilatus macht sie sich erst gar nicht schmutzig, er hat andere, die die Drecksarbeit für ihn erledigen.

Denn sonst,
im Glauben und in der Gerechtigkeit
könnte es ihm passieren, daß er Gott sagen hört:
Menschen, vergebt euch, denn ihr wißt doch, daß auch Gott euch vergibt.
Und es könnte ihm passieren,
daß er hinter dem Tauziehen um Barabbas das leise „Folge mir nach!" hört,
das die Entscheidung zwischen Kaiser und Gott bedeutet.
Und es könnte ihm passieren,
daß er diesen Ruf, diesen Glauben zu lieben begänne,
aus Überzeugung und aus Begeisterung für die Freiheit.
Warum eigentlich nicht, Pilatus?
Traue der Stimme deines Glaubens.
Traue dem Weg der Hoffnung, der Wahrheit und der Gerechtigkeit.

Große Fürbitten (Karfreitag)

- Anregung: *Die ursprüngliche Aufteilung der einzelnen Bitten für zwei SprecherInnen (VorbeterIn/Pr.) wurde in der Bearbeitung beibehalten, kann aber auch von einem Sprecher/einer Sprecherin vorgelesen werden. Als Liedruf der Gemeinde könnte jeweils nach dem Part des Vorbeters/der Vorbeterin aus dem Gotteslob Nr. 358,3 eingefügt werden.*

Für die Kirche:

V: Laßt uns beten, Brüder und Schwestern, für die Kirche Gottes. Daß es ihr gelingt, so zu sein und zu werden, wie Jesus sie gewollt hat, daß sie unterschiedlichen Menschen und Meinungen Raum und Heimat gibt, daß sie eine Gemeinschaft ist, die leben hilft.

Pr: Allmächtiger, guter Gott, als Gemeinschaft der Glaubenden und als Teil deines kommenden Reiches hast du die Kirche geschaffen. Behüte und segne sie, damit sie ihrem Auftrag und ihrem Anspruch gerecht werden kann. Darum bitten wir durch Christus, unseren Herrn.

Für die Glaubenden und die, die an der Kirche leiden:

V: Laßt uns auch beten für alle, die zur Kirche Gottes gehören: für den Papst, die Bischöfe, Priester, Diakone, Ordensleute, die MitarbeiterInnen und alle Glaubenden und für die, die in und an der Kirche leiden.
Daß sie die frohmachende Botschaft des Evangeliums glaubhaft verkünden und leben können und so Menschen zur Nachfolge und Mitarbeit einladen und ermutigen.

Pr: Allmächtiger, guter Gott, schenke den Glaubenden und den Zweifelnden deinen guten Geist, und stärke sie so in ihrer Arbeit und ihrer ehrlichen Auseinandersetzung. Darum bitten wir durch Christus, unseren Herrn.

Für alle, die Sakramente empfangen:

V: Laßt uns beten, Brüder und Schwestern, für alle, die in unserer Gemeinde und überall in den Kirchen der Welt Sakramente empfangen: für alle, die getauft und gefirmt werden, für alle, die die Eucharistie und das Bußsakrament empfangen, für alle, die getraut, und alle, die geweiht werden, und für alle, die die Krankensalbung bekommen. Daß sie in diesen Zeichen die Nähe und Sorge Gottes erfahren.

Pr: Allmächtiger, guter Gott, an die wichtigen Stationen des menschlichen Lebens hast du sichtbare Zeichen deiner Gegenwart in unserer Welt gestellt. Gib, daß alle, die sie empfangen, die Verbundenheit mit dir und in der Gemeinschaft der Kirche spüren und in dieser Verbundenheit ihr Leben gestalten. Darum bitten wir durch Christus, unseren Herrn.

Für die Einheit der Christen:

V: Laßt uns auch beten für die geteilte Kirche, die sich ihrer beschämenden und mit dem Auftrag Christi nicht zu vereinbarenden Spaltung immer mehr bewußt wird. Daß die Gespräche und Kontakte zu gegenseitigem Verständnis und schließlich zur Einheit im Glauben und in den Sakramenten führen.

Pr: Allmächtiger, guter Gott, leite die Kirchen auf dem Weg der Wahrheit, und führe sie zur Einheit der einen Kirche Gottes zusammen. Darum bitten wir durch Christus, unseren Herrn.

Für die Regierenden:

V: Laßt uns beten, Brüder und Schwestern, für alle Regierenden und alle, die Entscheidungen treffen über Länder und Völker: Daß sie die Zeichen der Zeit erkennen und ein klares und gerechtes Urteil gegenüber den Ereignissen fällen. Daß sie die Würde und das Wohl der Menschen, für die sie Verantwortung tragen, als Maßstab ihres Handelns sehen.

Pr: Allmächtiger, guter Gott, leite die Regierenden, gib ihnen Mut und Gradlinigkeit, und hilf ihnen, ihrer Verantwortung gerecht zu werden. Darum bitten wir durch Christus, unseren Herrn.

Für unsere Welt:

V: Laßt uns auch beten für unsere Erde, die zerrissen ist durch Kriege, Hunger, Furcht, Rassenhaß und Armut: Daß wir bereit werden, Verantwortung zu übernehmen und uns zu engagieren, daß die Verhandlungen unter den Nationen der Verständigung dienen und die Bemühungen um Abrüstung und Ökologie zum Erfolg führen, daß die Konflikte zwischen

Ost und West, zwischen Nord und Süd, zwischen Farbigen und Weißen, zwischen Armen und Reichen eine gerechte Lösung finden.

Pr: Allmächtiger, guter Gott, die Welt liegt in deiner Hand, und du willst, daß alle Menschen auf ihr miteinander in Frieden - ausgestattet mit den gleichen Rechten und der gleichen Würde - leben können. Gib allen Menschen den Mut und die Voraussicht, mit dieser Aufgabe zu beginnen, damit unsere Kinder und Kindeskinder einst mit Stolz den Namen Mensch tragen. Darum bitten wir durch Christus, unseren Herrn.

Für alle notleidenden Menschen:

V: Laßt uns beten, Brüder und Schwestern, für alle, die unter den Folgen von Krieg, Bürgerkrieg, Flucht, Katastrophen und Hunger leiden; für alle, die ungerecht behandelt werden; für alle, die ihren Arbeitsplatz verlieren; für alle, die keine Heimat und keine Bleibe finden; für alle, die auf den Straßen unterwegs sind; für alle, die krank sind, und für alle Sterbenden.

Pr: Allmächtiger, guter Gott, du kennst und siehst das Schicksal jedes einzelnen, und keiner ist dir gleichgültig. Gib allen notleidenden Menschen Kraft, und laß sie durch andere deine Zuneigung und Hilfe erfahren. Darum bitten wir durch Christus, unseren Herrn.

Für die Schöpfung:

V: Laßt uns auch beten für die Erde, Gottes Schöpfung, die uns anvertraut ist; daß es gelingt, sie lebenswert zu erhalten; daß die Wunden, die wir ihr schon zugefügt haben, Zeit finden zu heilen; daß die Zerstörung und der Raubbau Einhalt finden; daß wir die Schönheit der Schöpfung mit ihren Gesetzen, ihren Wundern und ihrem Rhythmus neu entdecken und unser Verhalten und unser Leben darauf einstellen, damit wir unserer Verantwortung für Gottes Schöpfung gerecht werden.

Pr: Allmächtiger, guter Gott, du hast die Erde und alle Lebewesen geschaffen, hast die Bedingungen zu ihrer Entwicklung gemacht und sie unserer Verantwortung übergeben. Hilf uns, deine Spuren in der Schöpfung zu entdecken und sie für uns und unsere Nachkommen lebenswert zu erhalten. Darum bitten wir durch Christus, unseren Herrn.

Für alle, die uns begleiten und die uns brauchen:

V: Laßt uns beten, Brüder und Schwestern, für alle, die mit uns in Gemeinschaft leben, für die, die unseren Lebensweg begleiten, und für die, die uns brauchen: für die Menschen, die wir lieben, für unsere Partner, Familien, Kinder; für die Jugendlichen, die auf der Suche sind nach einem Weg; für die Großeltern und Verwandten, für die Nachbarschaft; für die, die nach dem Sinn ihres Lebens fragen; für die, die einen Beruf und eine Aufgabe suchen; für die, die einsam sind und auf die Nähe eines lieben Menschen warten.

Pr: Allmächtiger, guter Gott, sieh auf uns und auf die Gemeinschaften, in denen wir leben. Laß unser Miteinander gelingen, laß es tragfähig sein für die, die Halt brauchen, und eine Heimat für die, die in ihr leben. Darum bitten wir durch Christus, unseren Herrn. Amen.

Gestorben: Die Hoffnung auf Heil

- Anregung: *Die folgenden Texte eignen sich z.B. für die Betstunden am Gründonnerstag oder als Vertiefung am Karfreitag. Eventuell die Todesanzeige als Denkimpuls für die TeilnehmerInnen kopieren und verteilen.*
  Möglich ist auch die Gestaltung eines Ostergottesdienstes mit dem Bild der Todesanzeige. Das Gebet zur Sendung greift den Gedanken noch einmal auf.

Einführung

Mit Jesus stirbt die Hoffnung auf Heil für die Menschen seiner Zeit, die auf ihn vertrauten und hofften: die Armen, Notleidenden, Außenstehenden und Kranken. Alles ist aus und so trostlos wie vor dem Auftreten Jesu. Es gibt keine Perspektive mehr für sie.
Mit Jesus stirbt auch die Hoffnung auf Heil für die Menschen seiner Zeit, die mit Jesu Wirken die Möglichkeit einer politischen Veränderung verbanden, die Chance, die verhaßten Römer aus dem Land zu vertreiben und mit Jesus als ihrem König einen neuen eigenständigen Staat zu errichten. Schon bald nach dem bejubelten Einzug in Jerusalem stirbt auch diese Hoffnung.

> Heute starb
> nicht unerwartet
> unsere
>
> **Hoffnung auf Heil**
>
> In tiefer Trauer:
>
> Die Hungernden
> Geschlagenen
> Gekränkten
> Ausgebeuteten
> Mutlosen
> Gefesselten
> Heimatlosen
> Einsamen
> und
> Verlassenen
>
> Grenzenloser Reichtum vieler Menschen, die große Verschwendung der Rohstoffe dieser Erde und ein fast krankhaftes Sicherheitsbestreben vieler Zeitgenossen machten ihrem Dasein ein Ende.
>
> **Der Ort des Begräbnisses ist unbekannt.**

Seitdem stirbt die Hoffnung auf Heil immer wieder, auch heute noch. Sie stirbt nicht unerwartet für die Benachteiligten unserer Gesellschaft und unserer Welt: die Hungernden, Geschlagenen, Gekränkten, Ausgebeuteten, Mutlosen, Heimatlosen, Gefesselten, Einsamen und Verlassenen. Todesursachen für den Tod der Hoffnung sind die ungerechte Verteilung der Güter und des Reichtums in der Welt, die einseitige Weltwirtschaftsordnung mit all ihren Verflechtungen, die Zerstörung der Schöpfung, der Egoismus und die Machtgier der Mächtigen, die mangelnde Nächstenliebe und die sich ausbreitende Kälte unter den Menschen.
Die Hoffnung ist tot für viele.

Gebet

Wir, die Hungernden, müssen sterben, weil ihr nicht von eurem Reichtum abgeben wollt. Unsere Hoffnung auf Heil ist tot.
Wir, die Mutlosen, zerbrechen vor Ängsten, weil ihr stolz seid. Unsere Hoffnung auf Heil ist tot.
Wir, die Geschlagenen, schreien vor Schmerzen, weil eure Liebe kalt geworden ist. Unsere Hoffnung auf Heil ist tot.
Wir, die Gefesselten, verstummen, weil euer egoistisches Geschrei nach Lebensqualität unsere Rufe nach Freiheit übertönt hat. Unsere Hoffnung auf Heil ist tot.
Wir, die Gekränkten, leben gedemütigt, weil ihr uns ausgrenzt und unbarmherzig seid. Unsere Hoffnung auf Heil ist tot.
Wir, die Einsamen, leiden, weil ihr unwichtigen Idealen hinterherhetzt und keine Zeit für ein Gespräch findet. Unsere Hoffnung auf Heil ist tot.
Herr, erbarme dich.

Sendung
(in einem Ostergottesdienst)

Die Hoffnung auf Heil, die für viele Menschen der Erde tot ist, kann leben durch uns.
Die Hoffnung auf Heil ist bestätigt worden durch die Auferstehung Jesu.
Die Hoffnung auf Heil soll weiterleben durch uns.
Die Auferstehung Jesu soll Wirklichkeit werden in unserer Welt,
verkündet, erfahrbar gemacht durch uns.
Gehen wir im Namen und mit der Kraft des Auferstandenen, damit die Hoffnung auf Heil leben kann. Amen.

Karfreitag - Ostern

Betrachtung

- Anregung: *Betrachtung „Karfreitag" vor oder nach der Kreuzverehrung einfügen; man kann den Text um aktuelle Ereignisse und „Kreuze" ergänzen. Eine weitere Möglichkeit: Beide Betrachtungen in den Mittelpunkt einer Andacht stellen, eventuell durch Collagen oder Dias ergänzen.*

Karfreitag, das bedeutet fehlende Liebe, mangelndes Verständnis unter Menschen.

Karfreitag, das heißt vor Gott sein Herz verschließen, ihn nicht kennen wollen, sein Kommen ablehnen unter dem Vorwand, den Menschen zu retten.

Karfreitag, das ist die Angst vor seiner Existenz.

Karfreitag leben die verunsicherten jungen Menschen, die durch das Leben verwundet sind und ohne Hoffnung in die Zukunft blicken.

Karfreitag leben die Bettler, die Arbeitslosen, die Mittellosen, die Ausgestoßenen, die Vertriebenen, die Verbannten.

Karfreitag, das sind die Kreuze, die wir tragen müssen.

Karfreitag, das heißt auf der Anklagebank sitzen und wegen des Evangeliums Jesu von Nazaret aussagen müssen.

Karfreitag, das ist die Welt der Blutbäder: des Blutes von Unschuldigen, Gefolterten, Erschossenen, Selbstmördern, Gefangenen, Verletzten, auf der Straße von Jericho Überfallenen.

Karfreitag, das heißt glauben, daß es einen Simon gibt, der uns in der Verzweiflung hilft, der uns hilft, unser Kreuz zu tragen.

Unter der Last des Kreuzes fallen, das heißt,
unter der Last der Ungerechtigkeit, der Denunziation, der Verleumdung erdrückt zu werden.

Sich mit dem Kreuz erheben, das heißt,
seinen Karfreitag auf sich zu nehmen,
für die Wahrheit zu kämpfen, sich einzusetzen,
nicht mehr stumm die Ungerechtigkeit hinzunehmen.
Karfreitag heißt: glauben, daß es einen Ostermorgen gibt.

Ostern, das heißt an die Hoffnung durch den auferstandenen Christus glauben.

Ostern, das heißt offen für das neue Leben sein, das wir durch Christus, den Erlöser, erreichen können.

Ostern, das bedeutet, gegen jede Form der Gewalt, der Unterdrückung, der Willkür, der Diskriminierung, des Egoismus, der Ungerechtigkeit und der Mißachtung des Menschen zu kämpfen.
Ostern, das heißt, zu glauben, daß dort, wo die Sünde herrscht, die Gnade Gottes noch größer ist.
Ostern, das bedeutet durch Jesus Christus bescheiden und demütig werden.
Ostern, das heißt dafür kämpfen, daß unser Leben ein für das hiesige und kommende Reich Gottes gelebtes Evangelium sei.
Ostern, das heißt nein sagen zum Ausspruch: „Die Resignation beherrscht den Menschen."
Ostern, das heißt den Mut haben zu verzeihen, den aufzunehmen, der uns die Hand reicht, um sich mit uns zu versöhnen.
Ostern, das heißt, sich ganz klein zu machen und zum andern zu gehen, um ihn um Versöhnung zu bitten.
Ostern, das ist Jesus, der uns sagt: Ich werde euch helfen, euer Kreuz zu tragen.
Ostern, das ist Jesus, der uns sagt: Kommt her zu mir, die ihr mühselig und beladen seid, in mir werdet ihr Ruhe finden.
Ostern, das heißt glauben, hoffen, lieben, teilen...
Ostern, das heißt, Jesus konkret nachzufolgen.
Ostern: das ist Leben, Freude, Kampf, Sieg.

Wenn es stimmt, daß wir in unserem Leben einen Karfreitag erleben, wo wir erdrückt, gefoltert, entstellt werden, dann stimmt es auch, daß wir in diesem Leben einen Ostermorgen erleben, wo wir durch das Leben des gekreuzigten und auferstandenen Jesus von Nazaret ein anderer Mensch werden.

Meditation

Grab, das ist nicht mehr weiterkönnen.
Grab, das ist keine Perspektive mehr haben.
Grab, das ist keine Antworten mehr haben.
Grab, das ist keine Hoffnung mehr kennen.
Grab, das ist an keine Zukunft mehr glauben können.
Grab, das ist zerbrochene Seele.
Grab, das ist ausgeronnen.
Grab, das ist das Ende.
Grab, das ist tot.

Auferstanden, das ist hoffen wider alle Vernunft.
Auferstanden, das ist Beginn nach einem Ende.

Auferstanden, das ist eine Aufgabe haben.
Auferstanden, das ist Leben.
Auferstanden ist der Herr.
Halleluja.

Josef Dirnbeck/Martin Gutl

Schneckenhäuser

Besuchst du die Städte
Paris, Straßburg, Reims, Rom, Köln, Speyer, Worms
oder andere auf der Welt,
so entdeckst du in ihnen
reizvolle, verspielte, zum Himmel ragende, schwerfällige, massive und erdrückende Schneckenhäuser.

Die Schneckenhäuser sind leblos, leer und tot.
Sie verwandeln sich in Schauplätze des Staunens und in Quellen für den Wissensdurst.
Die Schneckenhäuser ähneln einer Durchgangspassage,
deren Wände und Mauern kunstvoll ausgestattet und behängt wurden.
In den Schneckenhäusern geht ein Stimmenwirrwarr umher,
lange Menschenströme winden sich hindurch,
angeführt von sprachgewandten und versierten Kunstführern.
In den Schneckenhäusern blitzen Lichter auf,
sie zucken wie Blitze durch den Raum.

Die Schneckenhäuser:
riesige Gräber am Rande der Welt und abseits des Lebens.
Wann werden sie zu lebendigen Zellen,
zu Raststätten des Gebetes und der Stille,
zu Festplätzen des Gottesdienstes und der Auferstehung,
zum Ausgangspunkt für Gottes neue Welt?
Wann erklingt aus den Kirchen und Domen:
Christus ist auferstanden!
Surrexit Dominus vere!

Einen Augenblick nur

Einen
Augenblick nur
trafen sich
unserer Augen Blicke.
Du mußt gesehen haben
mein Licht,
schon fast erloschen,
gehört haben meinen
lautlosen Schrei.

Du gabst mir deine Hand:
Steh auf.
Und dein Licht entfachte
das schon fast erloschene,
und mein Schrei, der lautlose,
verstummte.
Danke.

Und
wenn ich
mein Licht
erlöschen sehe
und meinen Schrei
in meiner Kehle
wachsen höre,
dann denke ich
an unseren
Augenblick,
an deine
warme, starke Hand
und stehe auf.

Quelle unbekannt

Steh auf!

Wenn du meinst, es geht nicht weiter: Steh auf!
Wenn man dir sagt, es gibt keine andere Möglichkeit: Steh auf!
Wenn gesagt wird: Das mußte ja so kommen: Steh auf!
Wenn du meinst, es gibt keine Zukunft: Steh auf!

Wenn du kein Leben mehr in dir spürst: Steh auf!
Wenn alles im Alltag zur Routine erstarrt: Steh auf!
Wenn du nicht mehr aus den Rollen kommst, in die du gesteckt wurdest: Steh auf!
Wenn man dir befiehlt, etwas gegen deine Überzeugung zu tun: Steh auf!

Weil dir dein Leben lieb ist: Steh auf!
Weil du nur einmal lebst: Steh auf!
Weil du nur träumst und deinen Träumen traust: Steh auf!
Weil es geht, wenn du es willst: Steh auf!

Aufbrechen

Aufbrechen, obwohl es Grenzen gibt,
aufbrechen und Neuland entdecken.
Aufbrechen, obwohl die Wege noch unklar sind,
aufbrechen und Möglichkeiten suchen.
Aufbrechen, obwohl das Ziel noch in der Ferne liegt,
aufbrechen und das Ziel im Auge behalten.
Aufbrechen, obwohl nicht alle mitkommen,
aufbrechen mit Menschen, die mitwollen.
Aufbrechen, auch wenn kaum Kraft dafür ist,
aufbrechen und vertrauen auf die neuen Perspektiven, die sich bieten werden.
Aufbrechen und vertrautes Terrain hinter sich lassen,
aufbrechen in eine neue Zukunft.

4. Kirche

Ganz einfach

Aus den Bekenntnissen des hl. Augustinus

Miteinander reden und lachen
sich gegenseitig Gefälligkeiten erweisen
zusammen schöne Bücher lesen
sich necken, dabei aber auch einander sich Achtung erweisen
mitunter auch streiten ohne Haß, so wie man es wohl einmal mit sich selbst tut
manchmal auch in den Meinungen auseinandergehen und damit die Eintracht würzen
einander belehren und voneinander lernen
die Abwesenden schmerzlich vermissen
die Ankommenden freudig begrüßen
lauter Zeichen der Liebe und Gegenliebe, die aus dem Herzen kommen
sich äußern in Miene, Wort und tausend freundlichen Gesten
und wie Zündstoff den Geist in Gemeinsamkeit entflammen,
so daß aus den Vielen eine Einheit wird

Bezeugter Glaube

Gebet

Meinen Glauben kann ich anderen nicht weitergeben, wie ein Arzt Serum durch eine Spritze einem Kranken einimpft.
Meinen Glauben kann ich anderen nicht weitergeben, wie ein Tankwart Benzin durch einen Schlauch in ein Auto füllt.
Meinen Glauben kann ich nicht weitergeben, wie Arbeiter Ladungen mit Kränen von einem Schiff zum anderen verladen.
Ich kann keine Pille herstellen, die beim Einnehmen den Glauben wirkt.
Ich kann meinen Glauben nicht erklären, wie ein Lehrer seinen Schülern eine mathematische Formel erklärt.
Ich kann meinen Glauben nicht beweisen, wie ein kluger Anwalt einem zweifelnden Richter die Unschuld eines Angeklagten beweist.

Ich kann meinen Glauben nur bezeugen, wenn ich mein unordentliches, sündiges Leben von Christus heilen lasse.
Ich kann meinen Glauben nur bezeugen, wenn ich für andere bete, wie Christus für Petrus gebetet hat.
Ich kann meinen Glauben nur bezeugen, wenn ich anderen Liebestaten erweise, wie Christus Kranken und Hungernden Liebe erwies.
Ich kann meinen Glauben nur bezeugen, wenn ich die bösen Reden und Taten der anderen vergebe und vergesse, wie Christus seinen Feinden am Kreuz vergab.
Ich kann meinen Glauben nur bezeugen, wenn ich bereit bin, für andere zu leiden, wie Christus für andere litt.
Ich kann meinen Glauben nur bezeugen, wenn ich mich durch Mißerfolge nicht einschüchtern lasse, wie Christus sich durch den Unglauben der Menschen nicht von seinem Weg abbringen ließ.
Ich kann meinen Glauben nur bezeugen durch die Kraft des Heiligen Geistes, den Christus gibt.

Jesus, Anfänger und Vollender des Glaubens:
Oft bin ich kleingläubig; mache mich stark.
Ich danke für die Menschen, die meinen Glauben gestärkt haben.
Gib mir Kraft, damit ich anderen meinen Glauben bezeuge.
Wenn ich mit einer brennenden Kerze andere Kerzen anzünde, nimmt das Feuer nicht ab, vielmehr wird das Licht größer.
Wenn ich einem anderen meinen Glauben bezeuge, wird mein Glaube nicht schwächer, sondern stärker.

Johnson Gnanabaranam

Wir wundern uns

Transformation zu Psalm 62

Manchmal wundern wir uns selbst, daß wir noch da sind:
Menschen, die in der Sache Kirche noch einen Sinn sehen,
Menschen, die noch Fragen an den Verein Kirche stellen
und sinnvolle Antworten für möglich halten,
Menschen, die in der Kirche einen Ort möglicher Öffnung
nach oben und in die Tiefe sehen,
Menschen, die um Jesu willen die Kirche kritisch lieben.

Ja, manchmal wundern wir uns selbst, daß wir noch da sind,
obwohl viele die Kirche für eine alte Tante halten,

die nicht im Gestern, sondern im Vorgestern lebt,
obwohl viele die Kirche nur noch mit mildem Spott bedenken,
obwohl viele die Kirche einfach nicht mehr kratzt.

Ja, manchmal wundern wir uns selbst, daß wir noch da sind
und daß wir glauben an einen Gott, der befreit,
aus Mutlosigkeit und Resignation,
aus Unsicherheit und Verzweiflung,
aus Einsamkeit und Verlorenheit.
Dir, Gott, singen wir ein verhaltenes Lob.

Uwe Seidel

Glücklich die Gemeinde ...

Transformation zu Psalm 1

Glücklich die Gemeinde, die Jesus in den Mittelpunkt stellt
und die unterwegs bleibt durch diese Zeit.
Die nicht auf einem „Das war schon immer so" beharrt,
aber sich auch nicht jedem Zeitgeist anschließt.
Glücklich die Gemeinde, die eine Ahnung hat vom Reich Gottes
und die heute damit beginnt, dieses Reich Wirklichkeit werden zu lassen,
die in dem Vertrauen lebt und arbeitet, daß das möglich ist,
auch wenn Rückschritte und Mißerfolge den Mut nehmen.
Glücklich die Gemeinde, in der Friede wohnt und Gerechtigkeit,
die gastfreundlich ist und sich nicht verschließt,
in der Freunde und Fremde willkommen sind
und sich versammeln um den Tisch des Herrn.
Glücklich die Gemeinde, die Raum zur Entfaltung gibt,
die Neues wagt und lebendig ist,
die die Talente nutzt, die in ihr sind,
und die Schätze hebt, die sie besitzt.
Glücklich die Gemeinde, die Geborgenheit findet und Vertrauen
im Hören des Wortes Gottes und im Brechen des Brotes,
die ihre Mitte gefunden hat, die ihr Orientierung gibt und Halt,
die Brot sein kann für andere und die Liebe Gottes erfahrbar macht.

Interview

- Anregung: *Das folgende Interview eignet sich als kleines Anspiel zum Thema Kirche. Der anwesende Priester könnte vom Reporter direkt angesprochen und um eine Antwort gebeten werden.*
- Vorbereiten: *Requisiten (s.u.); eventuell Antwort des Priesters einfügen.*

Reporter (mit Rekorder und Mikro): Guten Tag. Wir machen eine Radioumfrage zum Thema Kirche. Was halten Sie von der Kirche?

1. Jugendlicher (mit Walkman): Kirche? Die ist doch out. Da gehen doch nur alte Leute und Spinner hin. Es stört mich nicht: Sollen sie ruhig. Aber, wie gesagt, für moderne Menschen: Out!

Reporter: Was fällt Ihnen zum Thema Kirche ein?

Ehemann (mit Hut): Kirche, dazu gehört für mich: die Messe am Sonntag, unsere Kirche im Ort, der Pastor/Pfarrer und der Papst in Rom.

Ehefrau (mit Handtasche): Ich gehe schon seit meiner Kindheit jeden Sonntag zur Kirche. Das gehört sich doch so! Aber die Leute heutzutage...

Reporter: Was bedeutet Kirche für Sie?

Alte Frau (mit Stock, gebeugt): Ich hab' schon viel mitgemacht in meinem Leben. In der Kirche finde ich Kraft auch in schweren Zeiten.

Manager (mit Aktenordner): Kirche, was ist denn das?

Reporter: Was hältst du von der Kirche?

2. Jugendlicher: Kirche, find' ich gut: Aber da müßte sich einiges ändern, damit ich bliebe. Sie müßte lebendiger werden, moderner, demokratischer.

Reporter: Darf ich auch Sie fragen, was Ihnen zum Thema Kirche einfällt?

Priester: ...

Reporter: Ich danke Ihnen allen für Ihre Offenheit und gebe zurück in die Sendezentrale.

Verkehrshinweis

Ein Anspiel

- Anregung: *Der folgende Text eignet sich als Einstieg in das Thema und als Anregung zum Gespräch und Austausch, wenn die im Text vorhandenen Bilder und Begriffe auf die aktuelle Kirchen- oder Gemeindesituation übertragen werden.*
- Vorbereiten: *SprecherIn; eventuell Aufnahme des Pfeiftons zu Beginn des Verkehrslageberichtes im Radio.*

Soweit die Nachrichten. Es ist fünf vor zwölf.
(Pfeifton einspielen)
Es folgt der aktuelle Verkehrslagebericht von Radio Ekklesia.

- Aus dem Raum Würzburg *(hier eventuell den Ortsnamen einfügen)* liegen die folgenden Meldungen vor: Nach mehreren Auffahrunfällen und Zusammenstößen auf der B 97 *(hier eventuell die aktuelle Jahreszahl einfügen)* hat sich ein starker Rückstau gebildet. Wir bitten Sie, nicht auf die amtlichen Pannenhelfer zu warten, sondern gemeinsam mit den Räumungsarbeiten zu beginnen. Sollten Ihnen Abschleppseile, Überbrückungskabel oder Batterien zur Verfügung stehen, so tauschen Sie diese untereinander aus.
- Der ADAC (Aktion der aktiven Christen) rät, auch weiterhin die Angebote der öffentlichen Verkehrsmittel wahrzunehmen und zu nutzen.
- Um Smog und dicke Luft zu vermeiden, werden Sie gebeten, Fahrgemeinschaften zu bilden und sich beim Fahren abzulösen.
- Achtung! Aus Richtung Rom *(oder anderen Ort einfügen)* kommt Ihnen ein Geisterfahrer entgegen. Fahren Sie bitte äußerst rechts, und überholen Sie nicht. Wir melden uns, sobald die Gefahr behoben ist.
- Wir bitten Sie um verantwortungsvolle und rücksichtsvolle Fahrweise.
- Es erreicht uns soeben eine neue Meldung. Die Störung auf der B 97 *(die oben genannte Zahl einsetzen)* hat sich durch gute Zusammenarbeit aufgelöst.
- Soweit der aktuelle Verkehrslagebericht.

Kirche als Weggemeinschaft

Geschichte von Gott

- Anregung: *Die Geschichte lädt ein zu Gespräch und Austausch; Themen könnten sein: Kirchenbild, Kirchenträume, das Verhältnis Gott-Kirche, Gott ja - Kirche nein ...*
  Beispiele für Leitfragen sind im Anschluß an die Geschichte vorgeschlagen.

Als Gott nach langem Zögern wieder mal nach Haus ging, war es schön, sagenhaftes Wetter! Und das erste, was Gott tat, war: die Fenster sperrangelweit zu öffnen, um sein Häuschen gut zu lüften.
Und Gott dachte: Vor dem Essen werd' ich mir noch kurz die Beine vertreten. Und er lief den Hügel hinab zu jenem Dorf, von dem er genau wußte, daß es da lag.
Und das erste, was Gott auffiel, war, daß da mitten im Dorf während seiner Abwesenheit etwas geschehen war, was er nicht kannte. Mitten auf dem Platz stand eine Masse mit einer Kuppel und einem Pfeil, der pedantisch nach oben wies.
Und Gott rannte mit Riesenschritten den Hügel hinab, stürmte die monumen-

tale Treppe hinauf und befand sich in einem unheimlichen, naßkalten, halbdunklen, muffigen Raum. Und dieser Raum hing voll mit allerlei merkwürdigen Bildern, viele Mütter mit Kind mit Reifen überm Kopf und ein fast sadistisches Standbild von einem Mann an einem Lattengerüst. Und der Raum wurde erleuchtet von einer Anzahl fettiger, gelblich-weißer, chamoistriefender Substanzen, aus denen Licht leckte.
Er sah auch eine höchst unwahrscheinliche Menge kleiner Kerle herumlaufen mit dunkelbraunen und schwarzen Kleidern und dicken Büchern unter müden Achseln, die selbst aus einiger Entfernung leicht moderig rochen.

„Komm mal her! Was ist das hier?"
„Was ist das hier! Das ist eine Kirche, mein Freund.
Das ist das Haus Gottes."
„Aha ... Wenn das hier das Haus Gottes ist, Junge, warum blühen hier dann keine Blumen, warum strömt dann hier kein Wasser, und warum scheint dann hier die Sonne nicht, Bürschchen?!"
„... Das weiß ich nicht."
„Kommen hier viele Menschen her, Knabe?"
„Es geht in letzter Zeit ein bißchen zurück."
„Und woher kommt das deiner Meinung nach? Oder hast du keine Meinung?"
„Es ist der Teufel. Der Teufel ist in die Menschen gefahren. Die Menschen denken heutzutage, daß sie selbst Gott sind, und sitzen lieber auf ihrem Hintern in der Sonne."
Und Gott lief fröhlich pfeifend aus der Kirche auf den Platz. Da sah er auf einer Bank einen kleinen Kerl in der Sonne sitzen. Und Gott schob sich neben das Männlein, schlug die Beine übereinander und sagte: „...Kollege!"

Herman van Veen

Leitfragen für ein Gespräch könnten sein:

1. Die Kirche (Raum, Priester, Bilder, Kreuz usw.) wird in der Geschichte sehr negativ dargestellt. Welche Erfahrungen habe ich mit Kirche gemacht? (positiv, negativ)
2. Gott verhält sich in der Geschichte sehr distanziert zur Kirche. Sie ist ihm fremd. Von welchem Verhältnis Gott - Kirche gehe ich aus?
3. Eine Folgerung aus dem Text könnte sein: Gott ja - Kirche nein. Ist diese Möglichkeit für mich denkbar? (Argumente?!) Warum ist es mir wichtig/lästig/egal, zur Kirche zu gehören?
4. Der Kirchenraum wird von Herman van Veen wenig einladend beschrieben. Wie sehen für mich einladende, lebendige „Häuser Gottes" aus? Wo finde ich sie?
5. Die Kirche im Text ist in Abwesenheit Gottes ganz plötzlich entstanden.

Von der Geschichte der Kirche und ihrer Entwicklung ist nicht die Rede. Welche Stationen ihres Weges von der Urkirche bis heute kenne ich? Was ist mir wichtig? Was stört mich?

Weggemeinschaft

Ein Raster

- Anregung: *Dem Raster liegt die Idee zugrunde, daß die Gemeinden Weggemeinschaften sein können. Dazu müssen Räume der Begegnung und des Austausches geschaffen werden. Wenn Christen aufeinander zugehen und die Möglichkeiten der Weggemeinschaft entdecken, kann sie für einzelne (wieder) tragfähig und wichtig werden.*
  Der Einsatz des Rasters ist denkbar in Gemeindegremien, in der Jugendarbeit, der Sakramentenvorbereitung, als Impuls für kommende oder als Reflexionsschema für getane Arbeit. Im Gottesdienst eignet es sich als Denkanstoß zum Thema Weg, Kirche, Gemeinde.

1. Weggemeinschaft bedeutet gemeinsame Zeit
   Gemeinsame Zeit in Gruppen und Familien
   Gemeinsame Zeit in der Freizeit
   Gemeinsame Zeit an Stunden und Tagen
   Gemeinsame Zeit zum Zuhören, Begleiten, Da-sein.
   Gemeinsame Zeit für Gott
2. Weggemeinschaft bedeutet gemeinsame Räume
   Gemeinsames Teilen von Lebensräumen
   Gemeinsam Türen öffnen und Gastfreundschaft gewähren
   Gemeinsam Lebensräume schützen.
   Gemeinsam Gott Raum geben
3. Weggemeinschaft bedeutet gemeinsame Arbeit
   Gemeinsames Teilen von Tätigkeiten zur Verbesserung des Lebensraumes
   Gemeinsam Aktionen und Initiativen planen und durchführen
   Gemeinsam Partnerschaften pflegen
   Gemeinsam neue Fähigkeiten und Fertigkeiten aufspüren
   Gemeinsam an Gottes Reich bauen
4. Weggemeinschaft bedeutet gemeinsame Erkenntnis
   Gemeinsames Teilen von Erkenntnissen, Erfahrungen und Wissen
   Gemeinsam über den eigenen Glauben erzählen
   Gemeinsam hören, sprechen und lernen, miteinander und voneinander
   Gemeinsam Gott suchen
5. Weggemeinschaft bedeutet gemeinsames Spiel
   Gemeinsames Teilen von Freizeit, Muße und zweckfreiem Tun

Gemeinsam Freude erleben und Lachen
Gemeinsam Feste und Liturgie feiern
Gemeinsam Gott loben

Geben und empfangen
Eine Bildbetrachtung

Zwei Personen sitzen sich kniend und hockend gegenüber. Die linke Person hält eine Schale in der Hand. Die rechte Person greift mit ihrer rechten Hand in die ihr angebotene Schale. Anscheinend ist sie hungrig und holt sich etwas zu essen heraus. Beide Personen sind dünn und mager. Ihre kniende und hockende Haltung wird noch durch das Vorbeugen und Zurücklehnen betont.
Die Person mit der Schale beugt sich vor, um der anderen Person ein Stück entgegenzukommen. Sie öffnet ihre Hand und bietet von ihrem Besitz dem Gegenüber an. Sie sagt vielleicht: „Komm, nimm dir von meinem Vorrat, ich möchte mit dir teilen. Iß, es reicht für uns beide."
Die andere Person geht zurück, weicht aus. Sie ist unentschlossen und weiß nicht, ob sie das Angebot annehmen soll. Sie zögert. Hier begegnet sie einem Menschen, der bereit ist, seine geringe Habe auch noch mit ihr zu teilen.
Schließlich hat sie sich entschlossen, die Gabe anzunehmen. Sie empfängt, öffnet sich dem Gegenüber ohne eine Gegengabe.
Der Gebende muntert sie auf, gibt ihr zu verstehen, daß er keine Gegengabe erwartet.

Sie bilden eine Gemeinschaft, die vom Geben und Empfangen lebt. In ihr kann jeder zugleich der Geber und der Empfänger werden und sein.

Spiegelt sich in diesem Bild die Gemeinschaft der Kirche wider? Das Gebot der Nächstenliebe, das Jesus uns gegeben hat, lautet: Liebet einander, wie ich euch geliebt habe. In der Urgemeinde muß diese Lebensweise praktiziert worden sein. Sie hatten alles gemeinsam und teilten ihr Hab und Gut mit den Armen, wird berichtet.
Muß nicht auch heute der Weg der Kirche durch das Geben und Nehmen bestimmt sein? Müßte die Kirche der Zukunft nicht eine Gemeinschaft sein, die mehr dem Menschen dient?
Nicht nur im Teilen von Geld für die Armen, sondern auch im Teilen von Leben und Glauben, von gemeinsamen Hoffnungen und Träumen, von Freuden und Sorgen wird das Wesen der Kirche sichtbar. Voneinander wissen, füreinander dasein. Wenn die Kirche unterwegs ist und Jesu Geist sichtbar machen will, dann sollte die Gabe des Gebens und Empfangens im Mittelpunkt stehen.

Litanei für die Kirche

- Anregung: *Litanei im Wechsel (VorbeterIn/alle) beten.*

Gott, du Gründer der Kirche	Bleib du ihre Mitte!
Auf ihrem Weg durch die Zeit	
In ihrer Geschichte und ihrer Zukunft	
In ihrem Handeln und Planen	
In der Sorge um die Welt und die Menschen	
Beim Bau des Reiches Gottes	
Als Volk Gottes	
Als Gemeinschaft derer, die an dich glauben	
Bei allen Problemen und Fragen	
Bei aller Arbeit und allem Mühen	
Im Miteinander der Berufungen	
Im Miteinander der Priester und der Laien	
Im Miteinander der Hierarchie und der Gläubigen	
Im Miteinander der Männer und Frauen	
Im Miteinander der Alten und Jungen	
Im Leben der Gemeinden	
In der Weltkirche	

Jesus Christus, du Haupt der Kirche	Sei du ihr Programm!
In ihrem Umgang mit den Menschen	

In ihrem Wirken gegen Ungerechtigkeit
In der Einschätzung von Wertigkeiten
Beim Einsatz für das Leben
In den Plänen und Konzepten
In ihrer Option für Außenstehende und Arme
In der Verkündigung
In Worten und Gebeten
In der Spendung der Sakramente
Im Miteinander und im Streit
In den Gottesdiensten und der Eucharistie
Im Leben der Vereine und Gruppen
Im Miteinander der Ortskirchen
Im Umgang mit Geschichte und Traditionen
Bei der Suche nach neuen Wegen
Bei ihrem Weg durch die Zeit

Heiliger Geist, du Kraft der Kirche — Gib du ihr Leben!
In Mutlosigkeit und Optimismus
In Trauer und Angst
Im Dunkel und im Licht
Auf den Abwegen und Umwegen
Durch deine Nähe
Durch dein Wirken
Wenn es nicht mehr weitergeht
Wenn Gespräche keine Einigung bringen
Wenn Gemeinden nur um sich selber kreisen
Wenn der Blick auf die Welt verlorengeht
Wenn Kirche nur noch ein Raum ist
Wenn alles festgeschrieben und geregelt ist
In ihren Visionen und Träumen
Im Wirken der verschiedenen Talente
Beim Bauen am Reich Gottes
Gestern, heute und in Ewigkeit

Kirchenträume

Eine Meditation

Ich träume von einer Kirche,
die keinen Turm hat und keinen Turm braucht.

Denn niemand braucht nach oben zu weisen.
Das Licht des Himmels ist in allen Augen sichtbar.

Ich träume von einer Kirche,
die keine Türen hat und schon gar keine Schlösser an ihren Türen.
In die wir hineingehen können oder hinaus, in voller Freiheit,
weil das Innen und das Außen eins sind.

Ich träume von einer Kirche,
deren Wände sich auflösen und sich verlieren, so, daß das Licht von allen Seiten eindringt,
von einer Kirche, in der Freiheit ist,
die sich selbst und ihre Grenzen und Wände nicht wichtig findet,
die ihr Dach und ihre Wände und Pfeiler dem Glanz des Himmels zum Opfer bringt.

Ich träume von einer Kirche,
die durchscheinend wie Glas ist.
Oder noch mehr:
von einer Kirche, die so offen und so frei ist wie die Welt selbst.

Denn Kirche ist doch wohl nicht eine Institution innerhalb der Welt.
Sie ist vielmehr die Welt selbst,
so weit in ihr das Wort von Christus ergeht.

Jörg Zink

Eine Vision?

1. Ich träume von einer Kirche,
   die arm ist,
   die nicht Geld verspricht,
   die den Menschen sieht
   und jedem Prunk und Profitdenken einen einfachen Lebensstil entgegensetzt.

2. Ich träume von einer Kirche,
   die nicht ihre Macht ausspielt,
   die nicht über andere herrschen will,
   wo Männer und Frauen gleichberechtigt sind,
   wo sie gemeinsam in den Dienst genommen werden,
   deren Strukturen demokratisch sind,
   die jedem Christen Mündigkeit zugesteht,
   die auf Prestige verzichtet und niemanden unterdrückt.

3. Ich träume von einer Kirche,
die demütig ist,
die Mut zum Dienen beweist
den Kranken, den Einsamen, den Außenseitern und Randgruppen,
die für das Leben einsteht,
die Obdachlosen Heimat gibt,
Alleinerziehende unterstützt,
die barmherzig ist,
die Schuld verzeiht,
die gescheiterten Eheleuten neue Zukunft gibt,
die Andersgläubige nicht verurteilt,
die Fremden Gastfreundschaft gewährt.

4. Ich träume von einer Kirche,
die menschlich ist,
die neue Ideen zuläßt,
die den Menschen ernst nimmt,
um seine Sehnsüchte und Ängste weiß,
die mitgestalten läßt und Lebensraum wird.

5. Ich träume von einer Kirche,
die ehrlich ist,
die Kritik zuläßt und übt,
die politisch ist
und sich offen mit den Fragen unserer Zeit auseinandersetzt,
die Mut hat zu neuen Formen des Umgangs miteinander und mit der Schöpfung,
die Partei ergreift gegen ungerechte Strukturen und für den Frieden eintritt.

6. Ich träume von einer Kirche,
die jung ist,
die mich zu Wort kommen läßt und meine Sprache spricht,
die mich bejaht, wie ich bin,
die meine Fragen nach dem Sinn hört,
die sich für den Dialog zwischen den Generationen einsetzt,
die begeistert ist,
die vom Evangelium lebt,
die kreativ ist,
die sich auf dem Weg weiß,
die im Aufbruch bleibt,
die sich stören läßt und aufrüttelt, was eingefahren ist,
die die Chancen ergreift, die die Zeichen der Zeit zeigen.

7. Ich träume von einer Kirche,
die die Liebe Gottes erlebt,
wo Vertrauen wachsen kann, das zu Glauben wird,
die mir einen Raum der Freiheit gibt,
die Hoffnung hat und teilt,
die mich spüren läßt, daß Jesu Satz:
„Wo zwei oder drei in meinem Namen versammelt sind,
da bin ich mitten unter ihnen“ wahr ist,
die ruhe- und ratlos ist.

8. Ich träume von einer Kirche,
die lebenswert ist,
die Heimat gibt,
die Begegnung wagt.
Ich träume von einer Kirche...
Ich und du, wir sind Kirche.

Dorothee Hammschmitt

Ein Märchen?

- Anregung: *Das Märchen ist eine Möglichkeit, Austausch anzuregen über die unterschiedlichen Vorstellungen und Träume von einer idealen Gemeinde. Leitfragen für ein Gespräch, z.B. im PGR, schließen sich an den Text an.*

Es war einmal ein großer Schwarm Spatzen, der lebte in der alten Eiche am Rande des Steinbruchs. In dieser Eiche hatten die Spatzen ihre Nester gebaut. Ärmliche, die fast auseinanderfielen, vornehme, die mit Moos ausgepolstert waren, durchschnittliche, alte, die dringend renoviert werden mußten, und ganz neue, die noch nach frischem Gras rochen. Und so unterschiedlich wie die Nester waren auch die Spatzen: Babyspatzen, die gerade erst geschlüpft waren, heranwachsende, denen immer wieder etwas Neues einfiel, Elternspatzen, die das Nest in Ordnung hielten, den Jungen das Fliegen beibrachten, dafür sorgten, daß jeden Tag etwas zu fressen da war, alte Spatzen, deren Kinder in ferne Kolonien ausgeflogen waren, kranke Spatzen, die versorgt werden mußten, welche, die aus fernen Ländern gekommen waren und deren Piepsen noch etwas fremd klang, welche, die schon seit Generationen in der Kolonie lebten, und welche, die noch neu waren in der Steinbruchkolonie.
Zu denen gehörte auch eine junge Spätzin aus der Waldrandkolonie, die einen jungen Spätzerich aus der Steinbruchkolonie kennengelernt hatte und mit ihm geflogen war. Nun hatten sich die zwei ein hübsches kleines Nest in der alten Eiche gebaut. Die junge Spätzin war ganz froh, aus ihrer Kolonie fort zu sein,

denn sie hatte sich dort nicht mehr wohl gefühlt. In der Waldrandkolonie wollte keiner etwas mit dem anderen zu tun haben. Jeder kümmerte sich nur um sein eigenes Nest. Besonders aufgefallen war dies der jungen Spätzin in einer der Versammlungen, zu denen sie und die anderen jungen Spatzen der Kolonie schon lange nicht mehr gingen, weil sie immer gleich abliefen. Ein besonders ausgebildeter Spatzenherr stand vor den anderen und schwatzte und piepste, und alle mußten zuhören. Alle saßen nebeneinander, guckten geradeaus, fremd, obwohl viele von ihnen Nestnachbarn waren. Und wenn die Versammlungen vorbei waren, flog jeder schnell wieder in sein Nest zurück. Weil diese Versammlungen so langweilig waren und doch nichts bewirkten, flogen die jungen Spatzen schon lange nicht mehr hin, obwohl die Teilnahme eigentlich Pflicht war, und sie fühlten sich in ihrer Waldrandkolonie nicht mehr wohl.
So war es auch der jungen Spätzin ergangen, und sie war froh gewesen, als der junge Spätzerich sie gefragt hatte, ob sie ein Nest zusammen bauen wollten.
Inzwischen hatte sie sich in der Steinbruchkolonie eingelebt, denn die Versammlungen in dieser Kolonie verliefen ganz anders. Die Spatzen freuten sich auf die Treffen, weil keines wie das andere verlief. Auch die Steinbruchkolonie hatte einen Versammlungsast und einen besonders ausgebildeten Spatzenherrn, aber das hieß nicht, daß die Versammlungen nicht auch mal auf einer großen Wiese, im Stadtwald oder anderswo stattfanden. Und auch der besonders ausgebildete Spatzenherr schwatzte und piepste nicht die ganze Zeit. Es gab nämlich ganz verschiedene Versammlungen: welche, in denen die Spatzenkinder das Wort hatten (diese Treffen waren immer sehr laut), weil es für die anderen Spatzen interessant war, die Welt mal durch die Augen ihrer Kinder zu betrachten; welche, in denen die heranwachsenden Spatzen den Ton angaben, weil ihre Phantasie und ihre Träume einiges in Bewegung setzen konnten, wenn alle mitträumten; welche, in denen die Spatzeneltern dran waren, weil sie die Welt so sahen, wie sie war; welche, in denen die alten Spatzen voller Lebenserfahrung und Weisheit sprachen, und mal welche, in denen Fremde und Neu-Dazugekommene vieles neu entdeckten und aufdeckten, was den anderen schon gar nicht mehr auffiel. Und was das Schöne war: die verschiedenen Spatzen durften nicht nur in den Versammlungen reden, nein, die anderen hörten ihnen auch zu. Und weil sie alle redeten und zuhörten - natürlich nacheinander -, konnten sie sich auch viel besser verstehen, und deshalb war auch das Leben in der Steinbruchkolonie ganz anders als das in der Waldrandkolonie. Man half sich gegenseitig, traf sich abends zu einem kleinen Schwatz in den Astgabelungen, besuchte die kranken Spatzen, die nicht mehr ausfliegen konnten, kümmerte sich um die Kinder, deren Eltern unterwegs waren, und man feierte miteinander.

Die Feste der Steinbruchkolonie waren berühmt, und die Spatzen kamen von weither zur alten Eiche und flogen nach dem Fest etwas neidisch wieder heim. Weil man nämlich auf den Festen merkte, wie gut sich die Spatzen der Steinbruchkolonie untereinander kannten und verstanden. Es halfen immer alle nach Kräften mit, jeder so gut er konnte, und es wurden immer wunderschöne Steinbruch-Eichen-Spatzen-Kolonie-Feste.
Nach so einem Steinbruch-Eichen-Spatzen-Kolonie-Fest war es auch, als die junge Spätzin zu ihrem Spätzerich sagte, als sie in ihr kleines Nest zurückkamen: „Ich glaube, ich lege bald ein Ei!"
Und wenn ihr mal einen Spaziergang macht, und ihr kommt an einem Waldrand vorbei, und es ist merkwürdig still, obwohl ihr einen großen Schwarm Spatzen seht, dann habt ihr die Waldrandkolonie entdeckt. Und wenn ihr dann kurz darauf an einen Steinbruch kommt, und ihr hört schon von weitem ein lautes, geschwätziges, lebhaftes Piepsen, dann habt ihr die Steinbruchkolonie entdeckt. Aber stört sie nicht, sie bereiten sicher ihr nächstes Steinbruch-Eichen-Spatzen-Kolonie-Fest vor.

Leitfragen für ein Gespräch z.B. im Pfarrgemeinderat könnten sein:

- Bestandsaufnahme: Welche verschiedenen Wohngebiete (= Nester) und Wohnsituationen gibt es bei uns? Welche Bevölkerungsstruktur ist hier anzutreffen?
- Wie erleben wir (als Mitarbeiter und Mitarbeiterinnen) unsere Gemeinde? Wie erleben die Menschen sie?
- Gibt es traditionelle, starre, feststehende, „tote" Bereiche? (... wie sie das Märchen von der Waldrandkolonie anspricht?)
- Wo sind lebendige, bewegliche Bereiche, Gruppen usw., in denen Mitarbeit und Mittun Spaß macht?
- Wie stellen wir (Mitarbeiter und Mitarbeiterinnen) uns eine „märchenhafte", ideale Gemeinde vor? Was erwarten die Menschen (heute) von der/ihrer Gemeinde?
- Was können wir konkret tun, um der Wunsch- und Idealgemeinde näher zu kommen? Welche Teil- und Fernziele wollen wir uns setzen?

Das Kirchenbarometer

Textbausteine

- Anregung: *Das Bild des Kirchenbarometers eignet sich, die verschiedenen Meinungen und Stimmungen, die in und über die Kirche bestehen, aufzugreifen. Ein Barometer sollte zur Veranschaulichung zur Stelle sein (eventuell auch nur als Zeichnung oder Abbildung).*

Bei einer Wallfahrt oder einer Liturgischen Nacht könnten die möglichen Barometerstände im Mittelpunkt stehen.

Einführung

Wir alle kennen ein Barometer. Mit diesem Gerät messen wir den Luftdruck. Durch die Veränderung des Luftdruckes wird das Wetter bestimmt.
Für die Bestimmung des Wetters verwenden wir festgelegte Begriffe, es gibt ein Hoch, ein Tief und Veränderlich. Bei einem Hoch gibt es schönes Wetter, ein Tief bedeutet schlechtes Wetter und trübe Aussichten, und Veränderlich ist gleichbedeutend mit unbeständigem, wechselhaftem Wetter.

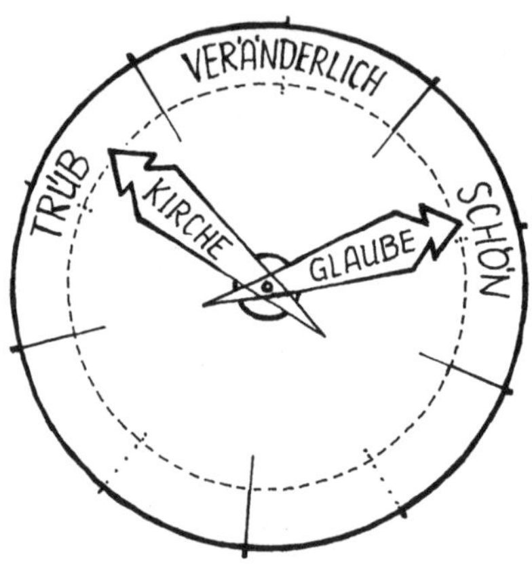

Das Wetter beeinflußt die Stimmung und das Verhalten der Menschen. Zeigt das Barometer ein Hoch an, so sind wir Menschen ausgeglichen, froh und zufrieden, in guter Stimmung, offen für andere.
Deutet das Barometer ein Tief an, so können wir an uns selbst diese Stimmung feststellen: schlechte Laune, traurig, nachdenklich, vielleicht reizbar und unkonzentriert.
Auch das Veränderlich kennen wir als Stimmung und Verhalten: unentschlossen im Handeln, sich im Kreise drehend, resigniert und doch begeistert, das Ziel vor Augen haben und doch den ersten Schritt nicht wagen können.
Können wir das Bild des Barometers nicht auch auf das Leben der Kirche übertragen? Stellen wir uns ein Barometer vor, das unsere Erfahrungen, Erlebnisse, Gespräche und Meinungen mit der Kirche und in der Kirche widerspiegelt.
Zu welcher Zeit, bei welchen Erlebnissen und Gesprächen finde ich mich wieder und in welchem Bereich? Nutzen wir das Barometer als Meßinstrument des kirchlichen Lebens und des Glaubens.

Trübe Aussichten

Wir stellen Ihnen nun die neueste Ausgabe des Kirchenbarometers vor, das vor jedem hohen Festtag unter den Gläubigen ermittelt wird. Es ist ein Meinungsbild.

Angestellter, 48 Jahre:
„Ich bin aus der Kirche ausgetreten, weil ich mich während der Pfarrgemeinderatssitzung immer ärgern mußte. Ich hatte viele Träume von Kirche, aber ich konnte sie nicht verwirklichen - so viele Widerstände, Intoleranz und keine Offenheit. Ich habe Schluß gemacht. Ohne mich!“

Hausfrau, 27 Jahre:
„Ich gehe nicht mehr in die Kirche, weil unser Pfarrer am Weißen Sonntag eine einheitliche Kleidung für die Kinder haben wollte. Aber unsere Monika freute sich das ganze Jahr auf das Festkleid, Schleier und Pelzkragen. Die Kirche bestimmt ja alles und geht auf die Wünsche der Leute nicht ein. Ich gehe weder in die Kirche, noch engagiere ich mich in der Gemeinde. Das ist vorbei.“

Mitglied des Seniorenclubs, 76 Jahre:
„Ich gehe schon seit 6 Wochen nicht mehr in unsere Pfarrkirche. Als meine Frau schwer krank war und im Krankenhaus lag, ist niemand gekommen, um sie zu besuchen. Viele waren da. Ein Vertreter der Pfarrgemeinde fehlte. Seit über 40 Jahren wohne ich in der Gemeinde. Ich komme erst zurück, wenn von der Gemeinde ein Zeichen der Versöhnung sichtbar wird.“

Mitarbeiter im „Eine-Welt-Kreis“, 35 Jahre:
„16% der Bevölkerung gehen nur noch zur Kirche. Diese Tatsache hat die Kirche selbst herbeigeführt. Maiandachten und Prozessionen sind überflüssig. Außerdem hängt die Kirche zu sehr an ihrem Reichtum. Hier nur das Feinste. Schaut in die Entwicklungsländer: nur Armut - und die Kirche macht mit. Wie lange ich es noch in der Kirche aushalte, weiß ich nicht...“

Trübe Aussichten!
Die Meinungen über das Leben in der Kirche sind bei vielen trübe: Resignation und Intoleranz, Macht und kein Platz für Träume; Hoffnungslosigkeit und Starrheit kennzeichnen die Meinungen und Stimmungen.

- Anregung: *Meditationsmusik einspielen und eine „dunkle Wolke“ herumreichen. Die Wolke in meiner Hand lädt ein zu überlegen, welche Last und Hindernisse in der Kirche ich erfahren habe und was ich zum Bild der Kirche beitrage.*

Veränderlich
Text zur Besinnung

Herr, was sollen wir tun?

Wir einen kritisieren -
wir anderen schlucken brav.

Wir einen sprengen alle Formen -
wir anderen veranstalten Prozessionen.

Wir einen verstoßen Dogmen -
wir anderen verehren die Jungfrau Maria.

Wir einen mißachten Autoritäten -
wir anderen sagen „Hochwürden".

Manchmal denken wir einen nur, statt zu glauben.
Manchmal glauben wir anderen nur, statt zu denken.

Herr,
wir einen,
wir anderen -
wir alle sind deine Kirche.
Wir alle suchen dich.
Wir glauben,
daß du mitten unter uns bist,
als unsere Zukunft und Hoffnung.

Gemeinsame Aktion

- Anregung: *Je nach Größe und Zusammensetzung der Gruppe eine Aktion auswählen:*
  1. *einen einfachen gemeinsamen Tanz machen, der Gemeinschaft und Freude erleben läßt, oder*
  2. *gemeinsam etwas essen, z.B. Weintrauben oder Fladenbrot (in Mahlgemeinschaften).*

Reflexion:
Das gemeinsame Tun hat uns gut getan. Ein Gefühl des Gelöstseins und des Befreitseins kam in uns auf. Ein zartes Lächeln kam über einige Gesichter. Der Händedruck meiner Nachbarn, das Teilen, die Blicke schufen das Gefühl von Gemeinschaft.
Gemeinschaft wurde spürbar, wie sie in der Kirche sein sollte, wie sie in der Kirche erfahrbar sein sollte, als Gemeinschaft derer, die an Christus glauben: an sein Leben und seinen Tod und an sein „Dasein" in unserer Mitte.

Gebet

Guter Gott, wir sind hier zusammengekommen.
Wir wollen auf dein Wort hören, wollen es in unser Leben sagen lassen.

Wir glauben daran, daß du unter uns bist,
daß du in unserem Leben wirksam bist und
daß du durch uns wirksam und erfahrbar werden willst in dieser Welt.
Wir glauben daran, daß man nicht alleine glauben kann,
daß wir einander brauchen, um uns zu stützen und zu stärken,
daß wir zusammengehören als deine Kinder.
Wir glauben daran, daß du uns nahe bist, wo immer wir sind,
im Alltag und bei der Arbeit,
bei den Festen und beim Ruhen.
Wir glauben daran, daß du unser Leben trägst
und wir vertrauensvoll und zuversichtlich leben können.
Aber wir wissen auch, daß uns Schmerz und Kummer,
Tränen und Leid nicht erspart bleiben,
daß du uns aber dann besonders nahe sein wirst.
Wir bitten dich, sei in unserer Mitte,
öffne unsere Ohren und unsere Herzen für dein Wort, und
führe unsere Augen, Hände und Füße, deinen Auftrag zu erfüllen
und dein Reich zu bauen.
Sei in unserer Mitte, Herr.

Schönes Wetter / weitere Aussichten

- Anregung: *Es werden an die TeilnehmerInnen bunte Tücher verteilt, die Ausdruck der individuellen und doch gemeinsamen Kirchen-, Glaubens- und Lebensträume sind.*
  Die Gruppe bildet einen Kreis, die Verbindung zwischen den TeilnehmerInnen bildet das Tuch (Kette), das eventuell noch hochgehalten wird.
  Dazu kann der folgende oder ein anderer Text vorgelesen werden, siehe auch Abschnitt „Kirchenträume“.

Wir haben einen Traum von einer Kirche, die zum Werkzeug des Friedens wird – wo Menschen sich befehden, ein jeder gegen jeden. Hilf uns, Frieden zu schaffen.
Wir haben einen Traum von einer Kirche, die zur Stimme der Wahrheit wird – inmitten von Intrigen, Verdrehungen und Lügen. Hilf uns, die Wahrheit zu finden.
Wir haben einen Traum von einer Kirche, die zum Anwalt der Armen wird – die auf der Seite der Unterdrückten streitet. Hilf uns, das Recht zu verbreiten – auch für Minderheiten.
Wir haben einen Traum von einer Kirche, die Gottes Reich der Zukunft lebt – sollen alle sehen, die neue Welt entstehen.
Herr, du kannst uns Menschen einen.

Gebet

In die Welt von Haß, Streit und Unrecht setzen wir einen Traum von einer Kirche, die als Werkzeug des Friedens wirkt.
In die Welt von Intrigen, Verdrehungen und Unwahrheiten setzen wir einen Traum von einer Kirche, die sich für die Wahrheit einsetzt.
In eine Welt, in der Menschenrechte verletzt und Menschen unterdrückt werden, setzen wir einen Traum von einer Kirche, die zur Anwältin der Armen wird.
In die Welt, die von Macht und Geld regiert wird und in der nur die Starken eine Chance haben, setzen wir einen Traum von der „Mutter" Kirche, die einen Platz für alle hat, die Geborgenheit und Gemeinschaft suchen.
Dort, wo Menschen sich sehnen nach Einheit, nach einer neuen Welt und einem neuen Himmel, wünschen wir uns die Wirklichkeit einer Kirche, die die neue Zukunft weiterträgt.
Christus, laß diese Kirche in der Welt wachsen.

Kirche im Schilderwald

Eine Besinnung

- Anregung: *Die genannten Verkehrsschilder sollten vorher aufgemalt und ausgeschnitten werden. Sie können dann beim Vorlesen des Textes hochgehalten oder aufgestellt werden.*

1. Schnellstraße

Na, was soll denn das? Soll das etwas mit Kirche zu tun haben?
Schnelligkeit und Kirche passen doch wohl nicht zusammen.
Kirche ist eher langsam, vielleicht sogar starr und unbeweglich.
Tempo legt sie jedenfalls nicht vor, um irgendwo mitzuhalten.
Angst vor Geschwindigkeitsüberschreitungen braucht man bei ihr nicht zu haben.
Eher im Gegenteil. Sicher schafft sie noch nicht einmal das erforderliche Mindesttempo für so eine Schnellstraße.

2. Sackgasse

Das paßt schon eher. Eine kleine Gasse, die plötzlich irgendwo endet.

Die Frage ist, ob man das schon wußte, als man hineinfuhr, oder ob man überrascht feststellt, in einer Sackgasse gelandet zu sein.
Die Kirche in einer Sackgasse? Es sieht so aus: Immer mehr Menschen kehren ihr den Rücken, treten aus oder verabschieden sich still und heimlich.
Keiner weiß so recht, wie es weitergehen kann. Was muß bleiben, wie es ist, und bewahrt werden, und was sollte sich verändern durch die Zeichen der Zeit.
Eine Sackgasse. Ob am Ende wenigstens genügend Platz ist zum Wenden?

3. Vorgeschriebene Fahrtrichtung
Darin ist die Kirche ganz groß: Richtungen vorzuschreiben und festzuschreiben, Gebote und Verbote aufzustellen, Weisungen und Dogmen zu vertreten.
Die Fahrtrichtung ist festgeschrieben.
Unabänderlich und für alle Zeiten.
Dann ist es nur dumm, daß man im Kreis geht, wenn man nie die Richtung ändert.
Fort-schritt ist dadurch nicht möglich. Na, toll!

4. Geschlossene Ortschaft
Auch ein Schild, das gut zur Kirche paßt.
Sie besteht doch nur noch aus geschlossenen, festen Grüppchen und Cliquen, die keinen mehr einlassen und sich gegen die schlechte Welt abschotten.
Hauptsache, unsere kleine katholische Welt ist noch in Ordnung: in unserem Verein, in unserer Gemeinde, in unserer Stadt, in unserem Land. Eine ganz eigene Welt mit eigenen Spielregeln.
Tempo 50 scheint auch zu passen, das Durchschnittsalter der Christen liegt sicher bei 50 Jahren, wenn nicht noch höher.

5. Stoppstraße
So ein Stoppschild steht meist an gefährlichen Stellen, damit man sich genügend Zeit nimmt, erst zu gucken und dann zu fahren. Drei Sekunden mindestens.
Einen Stopp einlegen, um in Ruhe zu überlegen, wie es weitergehen kann, könnte auch der Kirche gut tun. Warum soll immer alles weiterlaufen, weil es immer so war?
Eine Bedenkzeit, eine Besinnungszeit könnte gut tun.
Dann kann man erst sehen, was los ist, was nötig ist, was not tut, und dann weiterfahren.

6. Vorfahrt beachten
Noch ein Schild, das Anregungen geben kann. Nicht alle können gleichzeitig losfahren, einer hat die Vorfahrt.
Die Vorfahrt beachten kann für die Kirche heißen, zu sehen, was Vorrang hat, was wichtig ist. Es müssen Prioritäten gesetzt werden, es ist nicht alles gleich wichtig und nicht alles gleichzeitig zu schaffen.
Was oder wer hat Vorfahrt in der Kirche? Der Blick auf Jesus und sein Handeln kann sicher helfen, diese Frage zu beantworten. (Die Frage, ob es beim Pfarrfest Bockwürstchen oder Bratwürstchen gibt, gehört jedenfalls nicht dazu!)

7. Durchfahrt verboten
Dieses Schild dürfte es in der Kirche eigentlich nicht geben. Jedenfalls nicht in der Frage, wer dazugehören darf und wer nicht oder welches Thema und welche Frage vorkommen darf und welche nicht.
Alle Fragen und Themen, die Menschen heute bewegen und beschäftigen, in der Ökologie, in der Politik und natürlich auch in der Kirche, müssen angesprochen, ausgesprochen, durchgesprochen werden. Ein Durchfahrt-verboten-Schild vor Tabuthemen darf es nicht mehr geben.

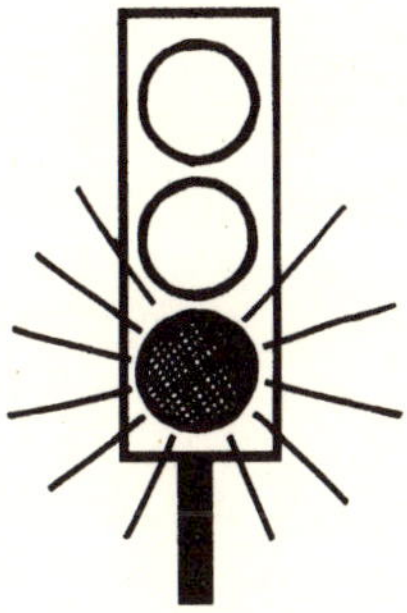

8. Grüne Ampel
Die Ampel steht auf Grün, es geht weiter.
Auch für die Kirche geht es weiter.
Sie kann weiterfahren. Aufgaben und Möglichkeiten gibt es genügend für die Zukunft.
Auch Wege gibt es viele und Menschen, die weiter mitfahren, die unterwegs bleiben und nicht starr und fest zurückbleiben oder nur zurück in die vermeintlich guten alten Zeiten schauen.
Auch wir fahren weiter mit. Die Ampel steht auf Grün. Gute Fahrt!

5. Schöpfung

Blitzlichter

- Anregungen zu den Geschichten: *Nach dem Vorlesen Impulsfragen in eine Stille oder in ruhige Musik hineinsagen, zum Beispiel:*
  Wie ist mein Verhältnis zur Natur? Wie erlebe ich sie? Ihre Schönheiten? Ihre Zerstörungen und Wunden? Nehme ich all die kleinen Wunder, die unscheinbaren Dinge, Geräusche, Gerüche noch wahr? Nehme ich mir in der schnellebigen Welt Zeit zum Verweilen, zum Atemholen, damit meine Seele nachkommen kann?
  Eine andere Möglichkeit: eine der Geschichten an den Beginn eines Naturgangs zu stellen, bei dem „Aufgaben" zu erfüllen sind, z.B. wir machen uns gegenseitig aufmerksam auf kleine Zeichen des Lebens, wo alles ringsum „tot" zu sein scheint, oder wir machen unterwegs „Atempausen" und nehmen die Geräusche und Gerüche der Umgebung, mich selbst und meinen Körper bewußt wahr.

Der Ulmenstamm

Wir sägten Holz, griffen dabei nach einem Ulmenbalken und schrien auf.
Seit im vorigen Jahr der Stamm gefällt wurde, war er vom Traktor geschleppt und in Teile zersägt worden, man hatte ihn auf Schlepper und Lastwagen geworfen,
zu Stapeln gerollt, auf die Erde geworfen -
aber der Ulmenbalken hatte sich nicht ergeben.
Er hatte einen frischen grünen Trieb hervorgebracht -
eine ganze künftige Ulme oder einen dichten, rauschenden Zweig.
Wir hatten den Stamm bereits auf den Bock gelegt,
wie auf einen Richtblock;
doch wir wagten nicht, mit der Säge in seinen Hals zu schneiden.
Wie hätte man ihn zersägen können?
Wie sehr er doch leben will - stärker als wir!

Alexander Solschenizyn

Wer kann das schon von sich sagen?

„Die Flüsse sind meine Brüder!“, wie ein Indianer es tut?
„Ich lebe vom Ertrag des Bodens und meiner Sorge für ihn!“, wie ein Bauer es tut?
„Ich sorge für die Erhaltung des Lebensraumes der Tiere!“, wie ein Wildhüter es tut?
„Mein Leben ist bestimmt vom Lauf der Jahreszeiten!“, wie ein Farmer es tut?
Wer kann das schon von sich sagen?

Gottes gute Ordnung

Ich bin der Herr, dein Gott, der die Welt ins Leben rief
und sie ihrer Entwicklung und der Evolution zuführte.
Denke daran, daß es keine andere Welt gibt und daß ich sie auch als Lebensraum für deine Kinder geschaffen habe.
Denke daran, daß du sie so behandelst, daß deine Achtung vor dem Leben sichtbar wird und dein Glaube an mich, deinen Schöpfer.
Denke daran, daß du sie nicht beraubst und ausnutzt. Achte die Zeiten der Ruhe und Regeneration und den Rhythmus der Jahreszeiten.
Denke dankbar und voll Achtung von der Mutter Erde, vom Vater Wasser, von Bruder Feuer und Wind und von Schwester Sonne.
Töte und zerstöre niemals gedanken- und grundlos eines meiner Geschöpfe.
Lebe nicht auf Kosten der Natur und der Zukunft deiner Kinder.
Denke daran, daß du nicht das Recht hast, dir etwas anzueignen oder zu horten, was allen Menschen gemeinsam gegeben ist.
Zerstöre nicht die vielfältigen Beziehungen und Kreisläufe des Lebens,
die gute Ordnung, die ich zu deinem Wohle schuf.

Das Kreuz der Schöpfung

- Anregung: *Die negativen Daten über die Zerstörung der Natur werden an ein Kreuz geheftet, das im Gottesdienstraum aufgestellt wird.*
  Auf einem Meditationsweg kann es mitgetragen werden. An weiteren Stationen sind Ergänzungen möglich (Probleme der Entwicklungsländer, unseres Alltags).
  Am Ende des Gottesdienstes oder des Weges kann durch ein Symbol, zum Beispiel ein weißes Tuch, das um den Querbalken gelegt wird, die Erlösung durch Christus angedeutet werden, der das Kreuz mit uns trägt und uns von seiner Last befreit hat.

Der Zustand der Schöpfung

- 5 l Wasser benötigt ein Mensch täglich zum Trinken und zur Essenszubereitung. 1987 lag der tägliche durchschnittliche Wasserverbrauch jedes Bundesbürgers bei 146 l.
- Zur Herstellung eines PKW werden 20.000 l Wasser verbraucht.
- Auch wenn sofort alle Gifteinleitungen in unsere Flüsse gestoppt würden, würde es noch mehr als 10 Jahre dauern, bis die Menge der Gifteinträge in die Nordsee zu sinken beginnt.
- Die jetzt festgestellten Schäden an der Ozonschicht der Erde sind das Ergebnis des FCKW-Gebrauchs von vor 10 Jahren.
- Ein Liter Mineralöl reicht aus, um eine Million Liter Wasser ungenießbar zu machen.
- Beim Ölwechsel eines PKW fallen 2,5 bis 3 Liter Altöl an. Gelangen sie ins Erdreich, können sie bis zu 3 Millionen Liter Wasser (das ist eine Fläche von 3 Quadratkilometern Wasser bis in eine Tiefe von 10 cm) verseuchen.
- 20 Millionen Menschen beziehen ihr Trinkwasser aus dem Rhein. In diesen Fluß werden jährlich 1500 t Pestizide direkt hineingespült. 150 bis 200 neue chemische Substanzen gelangen jährlich in den Rhein, ca. 100.000 verschiedene Substanzen vermutet man dort mittlerweile, von denen maximal 5% von den besten analytischen Labors bisher identifiziert werden können.
- In 30 Jahren verseuchen wir unsere Welt mit 2700 kg; in einem Jahr mit ca. 90 kg Waschpulver, Weichspüler, Shampoo, Spray.
- In 30 Jahren legen 8 Autos eine Strecke von ca. 2.400.000 km zurück (ca. 60 mal um die Erde) und verbrauchen dafür ca. 360.000 l Benzin.
- Alle 2 Sekunden vernichten wir weltweit 1 ha Regenwald. Dies entspricht der Fläche von zwei Fußballfeldern.
- In einem Jahr vernichten wir 200.000 qkm Wald.
- Wir leben bereits in einer vergifteten Welt. Gifte sind in Boden, Wasser, Luft, den Tieren, den Pflanzen und in uns Menschen. Und ein Grundgesetz der Natur ist, daß Stoffe, die einmal ins Wasser gelangt sind, dort nie wieder vollständig herauszubekommen sind. Wir leben also mit der Perspektive, nie wieder in einer unvergifteten Welt leben zu können. Dies ist die Folge einer 150jährigen Geschichte der Industrialisierung im Laufe der zweimilliardenjährigen Geschichte der Erde.

Unerwarteter Besuch bei Frau Tissenhusen

Mann: Ja, das ist ja schön, daß ich Sie persönlich antreffe, Frau Tissenhusen! Also, wir haben da mal genau durchgerechnet und kommen zu folgendem

Ergebnis: Zwischen 1964 und 1991 haben Sie und Ihre Familie 178.257 Liter Trinkwasser verbraucht. Dieses Trinkwasser haben Sie mit 2.749 Kilogramm diversen Waschmitteln, Weichspülern, Duschlotionen, WC-Reinigern, Shampoos, Seifen, Boden-, Fenster- und Wannenpflegemitteln und so weiter verunreinigt. Sie haben in dieser Zeit ferner 2.623 Dosen mit Leder-, Haar-, Deo-, Fuß-, Mund- und Insektenspray verbraucht. Des weiteren legten Sie mit insgesamt acht von Ihnen erworbenen Personenkraftwagen eine Gesamtstrecke von 510.799 Kilometern zurück und verbrauchten mit diesen Kraftfahrzeugen 73.528 Liter verbleiten Super-Kraftstoff. In Ihrer Ölheizung verfeuerten Sie in den vergangenen 27 Jahren 220.534 Liter Heizöl. So, liebe Frau Tissenhusen; ich denke, damit haben wir Ihre Frage hinreichend beantwortet.

Frau: Was für eine Frage eigentlich? Wer sind Sie überhaupt?

Mann: Aber Sie haben uns doch geschrieben!

Frau: Ich? Ihnen?

Mann: Aber natürlich! Hier ist doch Ihr Brief!

„An den deutschen Wetterdienst Offenbach:
Sehr geehrte Damen und Herren, können Sie mir eigentlich mal erklären, warum das Wetter weltweit immer schlechter wird? Ihre Frau Tissenhusen."

Wolfgang S. Roos

Lob der Schöpfung

Wunder des Lebens
Eine Meditation

Wunder des Lebens,
wohin mein Auge blickt.
Vor mir das Meer in seiner unendlichen Weite,
voller kleinster und riesengroßer Lebewesen.
Über mir der Himmel und das All,
voller bekannter und unbekannter Gestirne.
Unter mir die Erde, die mich trägt,
voller Schichten und Adern, voller Geschichte und Leben.
Um mich herum all die Geschöpfe:
Pflanzen und Bäume,
Tiere, Vögel, Fische, Insekten,
so arten- und variationsreich wie die Erde um sie herum.
Neben mir die Menschen,
Geschöpfe des einen Gottes,

von ihm geliebt und umsorgt ein Leben lang.
Wunder des Lebens,
wohin mein Auge blickt.

Lob des Schöpfers
Eine Transformation zu Psalm 104

Lobet den Herrn, alle Völker,
lobet den Herrn, denn er ist groß.
Du hüllst dich in Licht, und die Finsternis weicht.
Die Urflut bedeckte die Erde, sie wich vor deinem mächtigen Wort.
Du schufest Räume für die Lebewesen
und gabst den Gestirnen ihren Platz.

Lobet den Herrn, alle Völker,
lobet den Herrn, denn er ist groß.
Du spendest der Erde Wasser und zeigst ihm seine Grenzen.
Das Meer, groß und weit, unendlich in seinen Ausmaßen,
machtest du zum Lebensraum für große und kleine Tiere.
Die Quellen in ihrer Vielzahl sprudeln hervor und fließen von den Höhen der Berge hinab ins Tal.
Den Kreislauf des Wassers riefst du ins Leben.

Lobet den Herrn, alle Völker,
lobet den Herrn, denn er ist groß.
Du gabst der Sonne, den Sternen, dem Mond und der Erde ihren Lauf,
damit sie scheiden Tag und Nacht und teilen die Zeit in Monat und Jahr.
Am Morgen geht die Sonne auf und schenkt der Erde Wärme und Licht,
am Abend geht sie unter im großen, weiten und endlosen Sternenhimmel.
Unendlich viele Sterne und Planeten hast du vereint zu einem riesigen Universum.

Lobet den Herrn, alle Völker,
lobet den Herrn, denn er ist groß.
Du, Herr, bist der Schöpfer dieser Wunder des Lebens
und der Ursprung und das Ziel dieser Welt.
Wir Menschen staunen und danken für das Werk deiner Schöpfung,
das unser Begreifen und Können übersteigt.
Sie läßt uns etwas erahnen von deiner Größe, aus deinem Reichtum.

Lobet den Herrn, alle Völker,
lobet den Herrn, denn er ist groß.

Herr, laß mich wie Wasser sein

Herr, du schenkst uns das Wasser.
Wasser, das erfrischt und neues Leben hervorbringt,
Wasser, das kühlt und neue Lebenskräfte weckt,
Wasser, das reinigt und Schmutz abwäscht,
Wasser, das Turbinen antreibt und Energie freisetzt,
Wasser, das den Müden Mut macht, den Weg weiterzugehen,
Wasser, das zur Schöpfung wird und die Welt verändert.
Laß mich sein wie das Wasser.

(Siehe auch: Lied „Wasser-Lebens-Lauf" im Liedanhang)

Leben

Großer Gott, du Licht des Himmels.
Du spannst das Sternenzelt aus
und rufst die Schöpfung ins Leben.
Du hältst sie mit starker Hand
und sendest jeden Tag das Licht des Schöpfungsmorgens.

Christus, du bist der helle Tag,
das Licht, dem unser Licht entspringt,
das Licht, das das Dunkel der Welt,
das Dunkel der Angst und des Todes besiegt hat.
Christus, du bist das Licht der Hoffnung und des Lebens.

Die ganze Schöpfung preist dich,
Vater, Sohn und Heiliger Geist.
Denn du, Gott,
schenkst uns jeden neuen Tag
und lenkst unser ganzes Leben.

Herr, zeige mir wieder die kleinen Dinge
Ein Gebet am Abend

Herr, zeige mir wieder die kleinen Dinge,
damit ich mich über sie freuen kann.
Zeige mir die zarten Glieder der Pflanze, die vor meinem Fenster steht.
Lenke meine Blicke auf die Wolken, die in ihrer unendlichen Zahl und ihrem unerschöpflichen Reichtum an Formen und Gestalten vorüberziehen.
Laß mich das schützende Dunkel der Nacht sehen und die fahle Poesie des Mondlichtes.

Herr, zeige mir wieder die kleinen Dinge,
damit ich mich über sie freuen kann.
Da waren die vielen Menschen, denen ich heute begegnet bin,
deren Händedruck mir Wärme schenkte,
deren Worte mir weiterhalfen,
mit denen ich gesprochen, gearbeitet und gegessen habe,
die ich getröstet, geschätzt, geliebt habe.
Da war die unschuldige Tiefe in den Augen eines fragenden Kindes,
das vergnügte Blitzen in den Augen bei einem Lächeln.
Laß mich all diese Kleinigkeiten wahrnehmen und schätzen,
die mir das Gefühl geben, angenommen und zu Hause zu sein,
viele kurze Momente des Glücks.
Laß mich das Schweigen vernehmen, das spürbar wird zwischen Menschen, die sich verstehen.

Herr, zeige mir wieder die kleinen Dinge,
damit ich mich über sie freuen kann.
Öffne mich für die Stille des Raumes, und laß sie beruhigend auf mich wirken,
als Erholung für die pulsierende Hektik, die mich sonst erfaßt.
Bringe die leisen Regungen zum Schwingen, in die ein Lied mein Inneres versetzen kann.
Laß mich dankbar ernten all die kleinen Erfolge, die ich heute erlebt habe, was mir gelungen ist, was wertvoll war und gut.

Herr, zeige mir wieder die kleinen Dinge,
damit ich mich über sie freuen kann.
Schenke mir Freude an der Schönheit des Tages und an der Ruhe des Abends.
Versetze mich in Staunen über das Wunder des Lichtes, das mich umgibt.
Lenke meinen Blick auf die Vielfalt der Sterne, die ihre Bahnen ziehen ohne mein Tun.
Zeige mir neue Wege auf, die ich gehen will mit feinfühligen, sensiblen Sinnen.

Herr, zeige mir wieder die kleinen Dinge,
die mein Leben bereichern
und mich lehren zu danken.

6. Schuld und Versöhnung

- Biblischer Bezug: *z.B. Mt 18,23-35*

Einstieg

- Anregung: *Text als Einführung z.B. für einen Bußgottesdienst*

1. SprecherIn: Wenn ich über das Wort „Buße" nachdenke, dann fällt mir ein: Geldbuße, „Das wird der mir büßen", eine Haftstrafe verbüßen. Aber mit meinem Leben hat das nichts zu tun.
2. SprecherIn: Ich denke bei dem Wort „Buße" an die Kirche: Buße tun, Bußgottesdienst und Beichte. Die Kirche sagt doch: Buße heißt zurückkehren, umkehren, Schuld und Sünden bereuen, weil ich mich schuldig gemacht habe.
1. SprecherIn: Wann mache ich mich denn schuldig? Ich habe weder gestohlen noch einen Menschen umgebracht. Also habe ich mich auch nicht schuldig gemacht.
2. SprecherIn: Vielleicht werden wir auch schuldig, wenn wir anderen nicht helfen, wenn wir Vorurteile gegen sie haben? Schuldig werden hat nicht nur etwas zu tun mit Bösem und Falschem, was ich tue, sondern auch mit Gutem und Richtigem, was ich nicht tue. Ich glaube, daß wir uns auch schuldig machen, wenn wir egoistisch leben und denken. Wir machen uns schuldig, wenn wir uns gegen Gottes Gebote auflehnen und uns von ihm abwenden. Jesus hat doch gesagt: „Tue den Willen des Vaters, und liebe deinen Nächsten wie dich selbst."
1. SprecherIn: Ich merke langsam, Schuld und Buße haben doch etwas mit meinem Leben zu tun. Vielleicht sollte ich einmal in aller Ruhe darüber nachdenken.

Gebet

Herr, unser Gott.
Du kennst unser Leben.
Du weißt um die vielen Widersprüche, in die wir verstrickt sind.
Wir reden miteinander, aber trotzdem verstehen wir uns nicht.
Wir proklamieren stets den Frieden und säen Streit.

Wir nehmen uns vor, das Gute zu tun, verrichten es aber nur mit halbem Herzen.
Wir wollen anderen helfen und machen sie doch eher abhängig und klein.
Wir wollen Gerechtigkeit und rücken doch den eigenen Vorteil in den Vordergrund.
Wir möchten zu uns selbst kommen und stehen uns im Weg.
Herr, zeige uns einen Ausweg.
Sende aus deinen Geist, der alles neu macht
und der die Widersprüche und Gegensätze überbrücken kann,
damit wir dich, uns selbst und die anderen besser verstehen.
Laß uns vorankommen auf dem Weg, auf den du uns gestellt hast,
und hilf uns, mitzuwirken am Aufbau deines Reiches
der Gerechtigkeit, des Friedens und der Perspektiven für jeden.
Hilf uns, das Ziel zu erreichen.
Darum bitten wir durch Jesus Christus, unseren Herrn.
Amen.

Gebet um Vergebung

Gott, ich weiß, daß du mich liebst trotz meiner Sünden und Fehler.
Du bist der gute Vater.
Ich komme zu dir, weil mir meine Schuld und meine Sünden leid tun.
Ich will mich ändern. Ich sehne mich nach Vergebung und Frieden.
Schenke mir Verzeihung.
Laß mich erkennen, wo meine dunklen Seiten sind, wo ich Gutes unterlassen und Böses getan habe.
Gib mir Kraft, daß ich es zugeben und besser machen kann. Amen.

Wohin mit der Schuld?

Eine Bildergeschichte zum Umgang mit der Schuld

- Anregung: *Die Deutlichkeit der Bilder eignet sich gleichermaßen für einen Einsatz in der Kinder-, Jugend- und Erwachsenenarbeit. Eventuell müßte der Text für Kinder gekürzt und vereinfacht werden. Die Geschichte ist u.a. einsetzbar als Impuls für Gesprächsabende zum Thema, zur Beichtvorbereitung oder als Element eines Bußgottesdienstes.*
- Vorbereiten: *Die Bilder übertragen auf Plakate, Folien oder Dias. Die einfachen Formen sind leicht „kopierbar".*

1. Bild (Schwarzer Fleck)
Ein schwarzer Flecken –
plötzlich ist er da.
Der Flecken auf der weißen Weste,
der Flecken auf der Kleidung des Alltags.
Plötzlich ist er da,
oder ist er schon länger da?
Unbemerkt?
Mit der Zeit größer geworden?
Jetzt ist er unübersehbar,
der schwarze Fleck,
nicht mehr wegzuleugnen.
Und nun?

2. Bild (Mensch trägt Fleck)
„Man" lebt mit dem Fleck.
Wie ein schwerer Stein kann er sein.
Er wird getragen, geschultert,
er drückt, bedrückt, unterdrückt.
Und der Mensch leidet,
Spaß macht es keinen,
mit dem schwarzen Fleck zu leben.
Es ist eine Last.
So kann es doch nicht weitergehen!

3. Bild (Übertünchen des Fleckens)
„Man" kann den Flecken zum Beispiel übertünchen,
ihn einfach nicht mehr beim Namen nennen,
ihn schönfärben, weißen.
Farbe dafür gibt es genug,
Entschuldigungen, Rechtfertigungen,
schöne Worte.
Nur, ob die Farbe hält?
Der Fleck bleibt.

4. Bild (Hinter die Wand)
„Man“ kann den Flecken auch abschieben,
ihn einfach hinter die Ecke schieben,
ihn verstecken,
vor dem eigenen Gewissen,
vor den Blicken der anderen.
Schließlich geht es um den guten Ruf,
um die Karriere.
Ecken gibt es genug,
nur, ob er dahinter liegenbleibt?

5. Bild (Blumen aufkleben)
„Man“ kann den Flecken auch verschönern,
ihn verzieren,
ihn ansehnlich machen.
„So schlimm ist es doch gar nicht!“
„Das macht man doch heute so!“
„Das tun doch alle!“
Es sieht doch gar nicht so schlecht aus!
Der Flecken bleibt,
auch wenn er so verkleidet wird,
daß er nur noch schlecht
erkennbar ist.

6. Bild (Mensch auf Felsen)
„Man" kann sich natürlich auch
seines Fleckens rühmen.
Von wegen verstecken,
zu den Fehlern stehen.
Es sogar aufgrund des schwarzen Fleckens
zu etwas bringen.
Karriere machen, über Leichen gehen,
um jeden Preis vorwärts kommen,
auf Kosten anderer leben.
Und sich von den anderen dafür
bejubeln lassen.
„Der hat es zu etwas gebracht!"
Ob der Leichen im Keller hat, ist egal.
Nur der Erfolg, das Ergebnis zählt.
Der Fleck aber bleibt,
er ist ein sehr wackeliges Podest.

7. Bild (Menschen auf dem Fleck)
„Man" kann sich natürlich auch
Leidensgefährten suchen,
die unter dem gleichen schwarzen
Fleck zu leiden haben:
„Alles ist halb so schlimm!",
„Wir halten zusammen!"
„Wir stehen das schon durch!"
Solidarität ist angesagt,
Leidensgefährten werden gesucht.
Aber der Fleck bleibt.

8. Bild (Abschieben)
Auch eine Möglichkeit:
den Fleck abschieben.
Abschieben ist ein bequemer Weg.
„Der hat mir das aber so befohlen!"
„Der andere ist es gewesen!"
Es gibt immer einen Schwächeren,
einen, der sich nicht wehren kann.
Die Erziehung, das soziale Umfeld,
die Gesellschaft, die Medien sind
schuld,
ich kann nichts dafür.
Ausreden, Entschuldigungen, Rechtfertigungen.
Abschieben ist ein bequemer Weg,
aber der Fleck bleibt.

9. Bild (Fleck trennt)
Der schwarze Fleck ist immer noch
da.
Es hat alles nichts genützt.
Der schwarze Fleck hat einen Namen:
Schuld, Sünde, Versagen, Lüge,
Unterdrückung, Rufmord.
Und nun steht der Mensch da,
mit seiner Schuld im Rücken,
mit seinem schlechten Gewissen.
Und er steht da, allein.
Schuld trennt, Schuld macht einsam.
Schuld macht einen
anderen Menschen aus mir.

10. Bild (Zwei Menschen mit Schuld)

Der schwarze Fleck bleibt.
Nicht nur einer hat ihn zu tragen,
jeder hat sein Päckchen zu schleppen.
Schuld macht uns zu kleinen Detektiven.
„Guck mal, der da!"
Mit dem Finger auf die anderen zeigen,
andere bloßstellen, blamieren,
den Dorn im Auge des anderen sehen,
nur selber nichts zugeben.

11. Bild (Loswerden)

Der schwarze Fleck bleibt.
Immer? Ein ganzes Leben lang?
Wie wird „man" ihn los?
Die anderen wollen ihn nicht.
Sie lehnen dankend ab.
„Das wäre ja noch schöner!"
„Damit haben wir nichts zu tun!"
„Das ist nicht unser Bier!"
Wie kann ich die Last loswerden,
bevor ich zusammenbreche?
Wem kann ich sie übergeben?

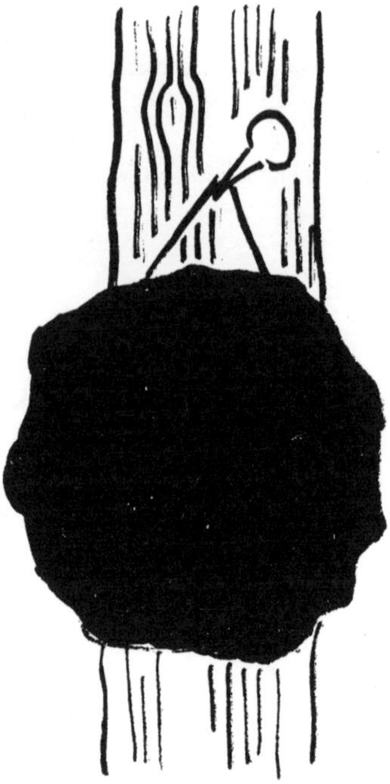

12. Bild (Am Balken)
Da hängt er, der schwarze Fleck,
der Schuldfleck, der Schandfleck,
an einem Balken.
Endlich kann ich ihn loswerden.
Ein Balken, ein Kreuzesbalken
ist der Aufhänger für unsere Schuld.
Der Mensch ist befreit
durch Jesus, den Lastenträger und Befreier.
Der Balken, aufgerichtet,
um alle schwarzen Flecken daran festzumachen,
um alle Menschen von ihrer Schuld zu befreien.

Worte machen schuldig

Der Schreiber des Sultans
Eine Geschichte

- Anregung: *Geschichte und anschließende Fragen als Element eines Buß- oder Familiengottesdienstes einsetzen.*

Es lebte vor langer Zeit im Orient ein Sultan namens Abdullah. Er war reich und wohnte in einem riesigen Palast. In dem Palast gab es große, weite Säle und viele kleinere Zimmer. Die Fußböden waren aus buntem Marmor, und an den Wänden hingen prachtvolle, reich bestickte Wandteppiche. Er selbst besaß Gold, Edelsteine und feinen Schmuck.
Um ihn herum waren den ganzen Tag viele Diener und Sklavinnen, die ihn versorgten und verwöhnten. Sie bereiteten ihm ein prunkvolles Leben und erfüllten ihm jeden Wunsch. Sultan Abdullah war ein greiser Mann geworden. Er zählte zu den großen Herrschern der Welt.
„Nun", so dachte er, „ist die Zeit, mein Reich in jüngere Hände zu geben!" Da fiel ihm sein Schreiber Hassan ein. Er rief ihn zu sich und stellte ihm diese

Aufgabe: „Hier, Hassan, ich gebe dir zwei Beutel mit wertvollen Edelsteinen. Gehe auf den Basar und verkaufe sie für einen hohen Preis." Der Schreiber ging, und als er in den Palast zurückkehrte, trat er vor den Sultan. Er gab ihm einen Beutel mit den Edelsteinen und die Goldmünzen vom Verkauf der anderen Steine. Der Sultan fragte erstaunt: „Warum hast du nicht beide Beutel verkauft? Du bist ein schlechter Händler und Kaufmann!" – „Höre mir zu, Sultan, ich will dir erzählen, warum ich so handelte", sagte Hassan. „Ja, ich höre!" erwiderte der Sultan.

Und der Schreiber erzählte: „Ich traf auf dem Basar einen Tuchhändler. Ihm bot ich die Edelsteine an. Er nahm sie in die Hand, betrachtete sie, runzelte die Stirn und zögerte. Ich bemerkte sein Zögern und versuchte ihn zu überreden. Ich pries die Steine an und sagte: ‚Kauf diese leuchtenden Steine. Sie machen dich reich und glücklich. Wenn du sie verkaufst, bekommst du viel Geld dafür, oder du läßt edle Geschmeide aus ihnen herstellen. Du wirst berühmt werden und hohes Ansehen gewinnen. Die Leute werden dich achten, weil du so eine große Persönlichkeit bist. Diese Edelsteine werden dein Leben verändern!' Nach meiner Rede von der verlockenden Zukunft gab mir der Tuchhändler die Goldmünzen, und ich überreichte ihm einen Beutel mit Steinen."

„Und warum hast du es mit dem anderen Beutel nicht auch so getan?" wollte der Sultan wissen. Der Schreiber erwiderte: „Ich traf einen Goldschmied. Er wollte die Edelsteine unbedingt haben und bot mir viel Geld dafür an!" – „Warum hast du sie ihm nicht gegeben?", die Stirn des Sultans runzelte sich. „Ich erklärte ihm", so erzählte der Emir, „die Steine seien wertlos und hätten eine schlechte Qualität. Wenn er sie zum Weiterverkauf anböte, käme er in den Ruf eines Betrügers und Gauners. Wenn sie sich aber doch als wertvoll erwiesen, dann hätte er ein schweres Leben vor sich. Denn ein Leben in Reichtum und mit hohem Ansehen wäre eine schwere Last, die ihm aufgebürdet und ihn verändern würde. Es sei nicht erstrebenswert, reich zu sein, so sagte ich dem Goldschmied, ein einfaches Leben sei viel besser."

Der Sultan Abdullah staunte über seinen Schreiber und sagte nachdenklich: „Dein Handel überrascht mich. Du hast die gleiche Ware mit unterschiedlichen Worten den Menschen angeboten. Mir ist klargeworden, wie sehr Worte und Gedanken die Menschen beeinflussen können. Menschen können durch Worte zu Marionetten werden. Und wenn ich es mir recht überlege, so können Worte, die ausgesprochen werden, loben, trösten, verheißen, Brücken bauen, Frieden stiften. Sie können aber auch das Gegenteil bewirken: strafen, verachten und töten. Hassan, du bist klug und weise mit der Macht des Wortes umgegangen. Du findest in den verschiedenen Situationen die richtigen Worte. Du sollst mein Nachfolger sein und über mein Reich und die Menschen regieren!"

Das Wort

Das Wort gleicht dem beschwingten Pfeil,
Und ist es einmal deinem Bogen
In Tändeln oder Ernst entflogen,
Erschrecken muß dich seine Eil.

Dem Körnlein gleicht es, deiner Hand
Entschlüpft, wer mag es wiederfinden?
Und dennoch wucherts in den Gründen
Und treibt die Wurzeln durch das Land.

Gleicht dem verlornen Funken, der
Vielleicht erlischt am feuchten Tage,
Vielleicht am milden glimmt im Hage,
Am dürren schwillt zum Flammenmeer.

Und Worte sind es doch, die einst
So schwer in deine Schale fallen:
Ist keins ein nichtiges von allen,
Und jedes hoffst du oder weinst.

O, einen Strahl der Himmelsau,
Mein Gott, dem Zagenden und Blinden!
Wie soll er Ziel und Acker finden?
Wie Lüfte messen und den Tau?

Allmächt'ger, der das Wort geschenkt,
Doch seine Zukunft uns verhalten,
Woll selber deiner Gabe walten,
Durch deinen Hauch sei sie gelenkt!

Richte den Pfeil dem Ziele zu,
Nähre das Körnlein schlummertrunken!
Erstick ihn oder fach den Funken!
Denn, was da frommt, das weißt nur du.

Annette von Droste-Hülshoff

Gedanken zu den Texten

In dem Gedicht: „Das Wort" von Annette von Droste-Hülshoff wird uns die Bedeutung des Wortes in verschiedenen Bildern verständlich gemacht. Ähnlich wie die Zunge können Wörter aus dem Munde eines Menschen Böses und Gutes anrichten.

- Das Wort gleicht einem Pfeil, der den Menschen blitzschnell trifft. Hat er sein Ziel erreicht, so wirkt er am Menschen. Überlege vorher, was du zu einem Menschen sagst.

- Das Wort gleicht einem Körnlein, das uns entschlüpft und Wurzeln treibt, die sich über das ganze Land ausbreiten. Überlege, welche Gedanken du aussäst über das ganze Land.
- Das Wort gleicht einem Funken, der glimmt und ein Flammenmeer entfacht. Überlege, in welchem Geist du ein Flammenmeer entzündest und durch dieses Flammenmeer deine Welt und die deiner Mitmenschen vernichtest.
- Das helfende und heilende Wort kommt von Gott. Es wurde offenbar durch Jesus. Überlege, ob du bereit bist, auf Gottes Wort zu hören.

Gebet

Herr, leite du uns, damit unsere Reden und unsere Worte durch deinen Geist zu guten Taten werden, die der Welt und den Menschen dienen.
Aus deinem Mund kommen nur Worte des Lebens.
Herr, deine Worte sind für uns Trost und Hoffnung.
Durch deine Worte und durch dein Leben hast du Zeugnis gegeben vom Vater im Himmel und uns den Weg der Versöhnung gezeigt.
Erbarme dich unser.

Gottes Wort

- Anregung: *Das Gebet eignet sich zum Beispiel zur Eröffnung des Bibel-Teilens.*

Guter Gott,
wir hören jeden Tag so viele Worte, Geräusche und Musik.
Vieles davon fließt vorüber, ohne daß es unser Bewußtsein und unsere Gedanken erreicht. Wir nehmen nur einiges zur Kenntnis, hören nur manchmal interessiert und so aufmerksam zu, daß etwas hängenbleibt.
Gott, so wie es uns manchmal gelingt, ganz Ohr zu sein,
so wollen wir zuhören, wenn du zu uns sprichst.
Gib uns Interesse an deinem Wort,
und hilf, daß es uns erreicht und für uns wirksam wird.
Du, Gott, hast uns etwas zu sagen, was uns und unser Leben tragen kann.
Dein Wort kann unser Leben verändern und in neue Bahnen lenken.
Gott, sprich du zu uns,
wir wollen ganz Ohr sein für dich.

Scherbenhaufen

Elemente für einen Bußgottesdienst

- Anregung: *An eine zentrale Stelle im Raum, beispielsweise vor den Altar, wird ein Scherbenhaufen gelegt, zum Beispiel aus zerschlagenen Tonblumentöpfen.*

Wortspiele zum Thema „Scherben“

Scherben bringen Glück; der zerbrochene Krug; Polterabend; Krach; etwas geht zu Bruch; einen Scherbenhaufen hinterlassen; zerschellen; der Krug geht so lange zum Brunnen, bis er bricht; Beziehungsscherben; Scherbengericht; zerbrechen; spitze Scherben auf einer Mauer hindern am Überklettern; in Stücke brechen; in Trümmern liegen; vor einem Scherbenhaufen stehen; alles unter den Teppich kehren; Trümmerberge.

Alltagsscherben (Beispiele)

Zerbrochene Vorstellungen, Verbindungen, Freundschaften, Beziehungen; Enttäuschung im Beruf, im Leben; etwas tun oder unterlassen, was weh tut, verletzt, bloßstellt; Scherben der Erziehung; Schwierigkeiten anderen zuschieben; alleine lassen; nachtragen; verurteilen; Neid, Eifersucht ...

Meditation

Vor uns liegt ein Scherbenhaufen. Viele Sachen und Gegenstände, die zerbrachen, wurden weggeworfen. Sie sind nutzlos und unbrauchbar geworden. Die Scherben kehren wir zusammen und werfen sie weg.
Als die Gegenstände noch heil waren, waren sie brauchbar. Wir brauchten sie im Alltag. Sie waren für uns eine Hilfe oder schmückten unsere Wohnung.
Nun sind aus den vielen Sachen Scherben geworden. Wir schenken ihnen keine Beachtung, sie haben für uns ihren Wert verloren. Wir werfen sie weg. Sie landen auf der Müllhalde.
Scherben auf der Straße, auf dem Weg, auf einer großen Wiese hingegen finden schon unsere Beachtung, wir finden sie unpassend, störend, meiden sie.
Die Scherben haben aber auch einen symbolischen Wert für unser Leben. Darüber wollen wir uns einige Gedanken machen.
Der Scherbenhaufen ist ein Trümmerhaufen. Ein Abbild von Zerstörung und Chaos. Wir erkennen nur Unordnung. Die Scherben haben keine Aufgabe mehr. Sie sind zur Sinnlosigkeit verdammt. Wir haben über sie unser Urteil gefällt: minderwertig, wertlos, nutzlos, nicht beachten, ins Abseits damit.
Der Anblick des Scherbenhaufens erinnert uns aber auch an Leid, Schmerz,

Trauer, Abschied, an zerstörte Verbindungen und Beziehungen. Es ist in die Brüche gegangen, sagen wir.

Besinnung

- Anregung: *Die Besinnung durch Lieder oder meditative Musik unterbrechen.*

Scherben und vielleicht auch ein Scherbenhaufen liegen auf meinem Lebensweg und versperren ihn. Was mache ich mit den Scherben? Kehre ich sie einfach unter den Teppich? Wie bewältige ich den Scherbenhaufen?
Denken wir über Möglichkeiten nach, mit ihm umzugehen:

- Im Scherbenhaufen erkennen wir die Unordnung. Beherrscht die Unordnung mein Leben? Lebe ich ziellos in den Tag hinein, oder habe ich sinnvolle Ziele, die ich erreichen möchte?
- Scherben und Scherbenhaufen sind für uns wertlos und minderwertig. Bin ich mir meiner Schwächen und Gebrechlichkeiten bewußt? Beachte ich die Mitmenschen, die unter Behinderungen, mit Ängsten und Versagen leben müssen? Oder verachte ich sie und grenze sie aus? Wie gehe ich mit meinen „Macken" um? Wer muß unter ihnen leiden?
- Scherben sind das Ergebnis einer Zerstörung. Zerstöre ich durch mein negatives Verhalten den guten Geist von Gemeinschaften und Gruppen (Schule, Freizeit, Familie), weil ich anderen keinen Lebensraum gönne?
- Scherben werfen wir weg. Wie gehe ich mit Gottes Schöpfung und seiner Ordnung um? Unterliege ich dem Kauf- und Konsumzwang? Will ich alles besitzen, werfe es dann schnell weg und trage damit zum Wachsen der Müllhalden bei?
  Achte ich auf eine saubere und reine Natur, oder wird durch mich die Schöpfung Gottes „weggeworfen"?

Der Sprecher/die Sprecherin geht zum Scherbenhaufen, holt eine große Scherbe, nimmt diese in die Hand und liest den weiteren Text vor.

Wer eine Scherbe in die Hand nimmt, lebt gefährlich. Er muß aufpassen, daß er nicht durch sie verletzt wird. Eine Scherbe richtet Unheil an, denn sie ist spitz, kantig, scharf, hart. Eine Scherbe zerschneidet, schneidet ab, wirkt zerstörend und verletzend, verursacht tiefe, schmerzende Wunden. Eine Scherbe kann ein Leben zerstören und Leben töten. Die Scherbe wird zum Symbol von Schuld, Bosheit und Sünde.
Fragen wir uns, wann und wie die Scherbe auf meinem Lebensweg Unheil angerichtet hat und ich schuldig geworden bin.

- Verwende ich in Gesprächen, Diskussionen und Auseinandersetzungen bewußt scharfe, verletzende Worte und Redewendungen, die die Würde des anderen außer acht lassen oder verletzen?

- Unterstütze ich durch mein Tun Intrigen, damit keine fruchtbaren Beziehungen untereinander entstehen können?
- Säe ich Haß, weil ich an Fehlern und Schwächen Freude habe, gerne andere hereinlege, und reiße damit alte und neue Wunden auf?
- Löse ich Konflikte mit Gewalt? Grenze ich Personen und Gruppen aus, weil ich andere Vorstellungen und Meinungen vertrete?

Der Sprecher geht zum Scherbenhaufen und legt einige Scherben zusammen, verbindet sie miteinander, so daß ein neuer Gegenstand entsteht.

Mit den entstandenen Scherben können wir auch gut und sinnvoll umgehen. Ich nehme die Scherben und verbinde sie miteinander. Ein neuer Gegenstand entsteht. Die verbundenen Scherben machen einen neuen Anfang. Wenn wir viele Scherben zusammenfügen, so wird der Scherbenhaufen kleiner. Die einzelne Scherbe ist kein Zeichen mehr für Streit, Unfrieden, Schuld und Sünde, sondern sie wird, verbunden mit anderen, zum Zeichen für einen neuen Anfang, für einen neuen, besseren Weg.
Der neue Umgang mit den Scherben und dem Scherbenhaufen ist ein Hinweis für uns, im Leben andere Verhaltensweisen einzuüben. Eine neue Wirklichkeit entsteht durch Frieden, Verzeihen, Vergebung, Versöhnung, Zeit füreinander, Toleranz, Gespräche und Verständnis. Für diese Umkehr, für diesen neuen Weg, für den neuen Anfang brauchen wir nicht nur den Mitmenschen, sondern auch Gott und seine Liebe und Zuneigung.
Denken wir über unser Verhältnis zu Gott nach:

- Bin ich bereit, auf Gott und sein Wort zu hören und seinen Anruf wahrzunehmen?
- Nehme ich an Gesprächen über Gott und den Glauben teil? Bemühe ich mich, einige Gedanken in den Alltag umzusetzen?
- Besuche ich den Gottesdienst, um Gott im Wort und im Sakrament zu begegnen, damit mein Leben in ihm einen Halt hat?
- Spreche ich mit Gott im Gebet, in der Meditation?
- Danke ich Gott für die Gaben, die Nahrung, die er mir schenkt, für die Menschen, die mich begleiten?
- Setze ich mich dafür ein, daß Gottes guter Geist in der Welt sichtbar wird?

Als Evangelientext Mt 18,23–35 oder Lk 19,1–10 anschließen, um am „Modell" Jesus abzulesen, wie er mit Schuld umgegangen ist.

Gebet

Fang den Tag von heute nicht mit den Scherben von gestern an!
Der Tag von gestern, alle Tage und alle Jahre von früher sind vorbei, begraben in der Zeit.

An ihnen kannst du nichts mehr ändern!
Hat es Scherben gegeben?
Schleppe sie nicht mit dir herum!
Denn sie verletzen dich Tag für Tag, und zum Schluß kannst du nicht mehr leben.
Es gibt Scherben, die wirst du los, wenn du sie Gott in die Hände legst.
Es gibt Scherben, die kannst du heilen, wenn du ehrlich vergibst.
Und es gibt Scherben, die du mit aller Liebe nicht heilen kannst.
Die mußt du liegenlassen.
Danke, Gott, daß ich mit dir lebe, daß du mich annimmst, wie ich bin.
Danke, daß ich durch dich mit Scherben fertig werde
und daß ich mit dir täglich neu beginne.

Phil Bosmans

Mit der Scherbe in der Hand
Vergebungsbitte

- Anregung: *Jede/r TeilnehmerIn erhält zum Abschluß eine Scherbe, die er mitnehmen kann.*

Herr, unser Gott, mit dieser Scherbe in unserer Hand wollen wir uns daran erinnern, wie oft wir fallen und etwas in uns in Stücke bricht. Ja, manchmal liegen wir zerschellt am Boden, bloßgestellt und ohne heile Stelle. Diese Scherbe in unserer Hand soll uns aber auch daran erinnern, wie oft wir über andere ein „Scherbengericht" abhalten. Komm, Geist Gottes, heile, was in uns zerbrochen ist, damit wir auch andere heilen können. Darum bitten wir durch Christus, unseren Herrn.

Willi Hoffsümmer

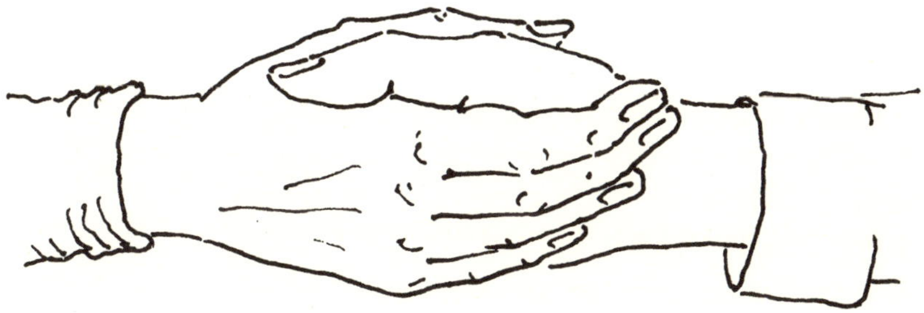

Der wiedergefundene Vater

Eine Bildbetrachtung mit: Ernst Alt, „Der wiedergefundene Vater"

- Biblischer Bezug: *Lk 15,11–32*

Auf dem Bild sind zwei Personen zu sehen. Sie sind eng und fest umschlungen. Sie gehören zusammen und sind in diesem Augenblick unzertrennlich. Vater und Sohn haben sich nach langer Trennung wiedergefunden.
Die Trennung hat Spuren hinterlassen. Sorgen, Ängste, Ausweglosigkeit und Niedergeschlagenheit sind in beider Leben eingedrungen. Erinnerungen an frühere Zeiten, wohltuende und erdrückende, kreuzen sich mit der Gegenwart.
Die zurückliegende Zeit war für beide unerträglich. Sie war spannungsvoll, zermürbend, kräftezehrend und in manchen Augenblicken die Hölle.
Der Vater weiß, daß die Wege seines Sohnes schmerzvoll und voller Qualen waren. Er gab ihm die Freiheit und ließ ihn die Irrwege gehen. Sein sehnlichster Wunsch, den Sohn liebevoll in die Arme zu schließen, ist nun erfüllt. Bis zu diesem Augenblick hat er gelitten und nur auf die Rückkehr seines Kindes gewartet.
Nun ist der Moment gekommen. Sein Wunsch geht in Erfüllung. Der Traum des Sohnes, bei seinem Vater zu sein, wird zur Wirklichkeit.
Der Vater hat seine Arme geöffnet, sie behutsam um seinen Sohn gelegt. Seine Hände scheinen ihn abzuschirmen, scheinen einen Schutzwall zu bilden. Dem Sohn soll nichts mehr zustoßen, er will ihn nicht noch einmal gehen lassen müssen.
Voller Zärtlichkeit berühren Arme, Hände und Kopf den Sohn. Die Schulter beugt sich über ihn. Ganz nahe will der Vater ihm sein. Seine Körperhaltung bildet einen Kreis, der den Sohn umschließt. Niemand soll hinzukommen und die Harmonie stören, nur für den Sohn will er dasein.
Der Sohn soll ihn wahrnehmen, seine Gegenwart und Nähe spüren. Die Begegnung braucht keine Worte, die Zärtlichkeit und Liebe wird deutlich in den Gesten. Der Vater streichelt den Sohn, tastet ihn ab, drückt ihn an seine Brust, legt den Mund auf seine Stirn, haucht ihn an, hält die Augen

geschlossen, um nicht abgelenkt zu werden, um den Augenblick ganz wahrzunehmen, zu verinnerlichen und in sein Herz zu schließen. Die Begegnung ist intensiv und intim. Der Augenblick des Wiedersehens ist so bedeutungsvoll, daß Worte verblassen würden.

Der Vater nimmt den Sohn in seine Arme. Er stellt ihn nicht zur Rede, verlangt keine Entschuldigungen oder große Erklärungen für sein Verhalten. Er verzeiht und vergibt, ohne Rechenschaft zu fordern. Sein Gesicht strahlt Güte und Liebe aus, stimmt tröstlich. Er bietet dem Sohn Schutz, Geborgenheit und Vergebung an. Er ist der liebevolle und barmherzige Vater, der für seinen Sohn da ist und ihn noch immer liebt.

Der Sohn ist am Ziel. Er spürt die Zärtlichkeit und Zuneigung des Vaters. In seinen Armen findet er endlich Ruhe und Frieden. Er freut sich, wieder beim Vater zu sein. Hier kann er sich ausruhen, er ist wieder zu Hause.

Müde und matt war er, abgehetzt, ausgezehrt, leer und ohne Energie. Sein bisheriger Weg war ziellos, sein Leben sinnlos, traurig, ohne Zukunft, sein Innerstes tot.

Der Sohn begegnet einem Vater, der keine Fragen und keine Bedingungen stellt. Der Vater öffnet seine Arme und fordert ihn damit auf: Bleibe hier, leg dich nieder, ruhe dich aus. Komm wieder zu Kräften, alles wird gut, ich bin für dich da.

Der Sohn spürt diese Herzlichkeit und schlägt seine Hände um die Schultern des Vaters. Er will ihn nicht verlieren, fest krallt sich seine andere Hand an die Brust. Seine übergroßen Hände suchen Halt und finden ihn. Der Sohn hat nur einen Wunsch: Vater, halte mich fest, laß mich nicht fallen, denn ich habe dich auf meinen Irrwegen gesucht und dich nicht gefunden. Jetzt liege ich in deinen Armen und habe Frieden. So ist es gut. Du, Vater, bist es, der mir Hoffnung und Mut für einen neuen Anfang gibt.

Vater und Sohn bilden eine Einheit, eine Harmonie. Beide strahlen Ruhe und Gelassenheit aus, verbreiten Zufriedenheit, Glück und Freude.

Diese Stimmung springt auf den Betrachter über. Die harmonischen Farben, Ton in Ton, verbreiten Wärme und das Gefühl der Ausgeglichenheit und des Friedens.

Richten wir Fragen an unser eigenes Leben:

Wie sieht es in unserem Leben aus?

Haben wir die Geduld und die Kraft, die Rolle des Vaters zu übernehmen?

Sind wir bereit zur Vergebung ohne vorherige Erklärungen?

Finden wir mit Gott und in Gott unser Zuhause?

Welch ein Trost und Glück für uns, an einen solchen Gott zu glauben, der uns entgegenkommt und ruft: Mein Kind, du warst tot und lebst, du warst verloren, und ich habe dich wiedergefunden.

Mein Leben auf Gott ausrichten

Eine Lebens-erforschung

- Anregung: *Die Impulse können im Rahmen eines Bußgottesdienstes oder des Bußaktes innerhalb einer Meßfeier als Lebens-Gewissenserforschung eingesetzt werden.*
- Vorbereiten: *Eventuell ein Netz, einen Kompaß und eine kleine Pflanze besorgen.*

Gott ist die Mitte

(Eventuell als Verdeutlichung ein Netz aufhängen)

Wir Menschen leben in vielen Gemeinschaften und machen in ihnen und mit ihnen unsere Lebenserfahrungen. Wir knüpfen ein Beziehungsnetz, in der Hoffnung, daß es uns trägt.
Dann machen wir die Erfahrung, daß dieses von uns geknüpfte Netz brüchig wird. Es reißt und franst aus. Anschuldigungen, Verärgerungen, Unzufriedenheit, Verdächtigungen und Vorurteile schleichen sich in das Beziehungsnetz ein.
Wir suchen nach dem letzten Halt, dem letzten Knoten. Dann fällt uns auf, daß wir es vergessen haben, Gott in dieses Netz einzuknüpfen als die Stütze, die Mitte des Beziehungsgeflechtes.
Lebendige Gemeinschaften leben vom Geben und Empfangen, vom Sich-selbst-Öffnen und Teilen, vom Hinhören und Ratgeben, vom Tragen der Freude und des Leids. Hier wird Gott zur Mitte der Gemeinschaft, der ihr Halt und Richtung gibt.

Gott weist die Zukunft

(Eventuell als Verdeutlichung einen Kompaß bereitlegen)

Halten wir fest an Ordnungen, Überzeugungen und Gewohnheiten, weil es so bequemer und vorteilhafter ist?
Sind wir bereit, umzukehren, offen zu werden, damit die Kompaßnadel auf Aufbruch, Neuanfang und Zukunft gestellt werden kann?
Gott führt uns in eine Zukunft, in der unsere Ordnungen und Vorstellungen vom Leben keine Gültigkeit mehr haben. In seiner neuen Welt regieren Friede und Freude, Liebe und Glück, Freiheit und Gerechtigkeit für alle Menschen und Lebewesen. Haben wir den Mut, uns auf den Weg zu machen in die neue Zukunft?

Sich für Gottes Zukunft entscheiden

(Eventuell zur Verdeutlichung eine kleine Pflanze bereitstellen)

Gottes Botschaft, die in die neue Zukunft weist, lebt von der Weitergabe der Erfahrungen, die Menschen mit Gott und seiner Botschaft gemacht haben.
Sind wir offen für seine Botschaft und folgen seinem Aufruf, damit Glaubenserfahrungen ausgetauscht und weitergegeben werden?
Gottes Botschaft wird sichtbar durch die tätige Liebe der Menschen untereinander.
Sind wir Botschafter seiner Liebe, damit die neue Zukunft Wirklichkeit werden kann und an uns die Zuneigung Gottes zu allen Menschen sichtbar wird?
Gottes Botschaft ist so zart und empfindlich wie eine junge Pflanze.
Sind wir in unseren Lebensgemeinschaften bereit und offen genug für die Hoffnungen, Wünsche, Träume und Wege, die sich entwickeln? Fördern und pflegen wir dieses Wachstum, und tragen wir dazu bei, daß sich die Welt und ihre Menschen auf Gottes Zukunft hin verändern?

Gebete

Was soll ich tun?

Was soll der Mensch tun, um in den Himmel zu gelangen,
Jesus, diese Frage wurde dir gestellt.
Deine Antwort war für die Fragenden verblüffend:
Verzeihe deinem Nächsten,
befreie ihn von seiner Schuld.
Schenke ihm das Leben neu, wie es an dir so oft geschieht.
Trage nicht nach, sondern schenke ihm eine neue Chance und einen neuen Anfang.
Verliere dein Leben, damit du es neu gewinnen kannst.
Baue Brücken, über die der andere gehen kann.
Die Frager von einst wandten sich ab und gingen fort.
Und ich? Was tue ich?
Wende ich mich ab, oder wage ich einen neuen Anfang?

Komm, Heiliger Geist

Komm, Heiliger Geist, und schenke mir die Gabe der Versöhnung. Lasse sie in mir und durch mich wirken, wie sie in Jesu Reden und Handeln sichtbar wurde.

In Jesus lebte der Geist der Versöhnung: In seiner Gegenwart änderte Zachäus sein Leben, dem Gelähmten vergab er die Sünden und heilte ihn. Im Gespräch mit Maria Magdalena nahm er die Schuld von ihr und verurteilte sie nicht. Den Pharisäern, Schriftgelehrten und Priestern hielt er den Spiegel ihres Redens und Tuns vor und klagte sie an wegen ihrer Starrheit und Unbarmherzigkeit.

Im Geist der Versöhnung ändert sich die Welt, und das Reich Gottes wird sichtbar.
Dort, wo Haß sich durch Versöhnung in Liebe verwandelt, ist das Reich Gottes.
Dort, wo Streit sich durch Versöhnung in Frieden verwandelt, ist das Reich Gottes.
Dort, wo Ungerechtigkeit sich durch Versöhnung in Gerechtigkeit verwandelt, ist das Reich Gottes.
Dort, wo Menschen durch Versöhnung Mauern und Grenzen auflösen, ist das Reich Gottes.

Komm, Heiliger Geist, Geist der Versöhnung, und bleibe bei mir, stärke in mir die Bereitschaft zur Versöhnung, damit der Himmel sich unter den Menschen und auf der Welt ausbreitet.

Jesus, mache uns Mut

Jesus, du hast gesagt: „Wenn du mit mir Mahl halten willst, dann gehe zuerst zu deiner Schwester und zu deinem Bruder, und versöhne dich mit ihnen."
Jesus, du stellst an uns eine Forderung, der wir allzuoft im Alltag aus dem Wege gehen.

Jesus, unsere Gesten zur Versöhnung mit dir und mit unseren Mitmenschen sind oft sehr oberflächlich und ohne große Wirkung. Wie oft gebrauchen wir an einem Tag das einfache Wort „Entschuldigung", und nichts ändert sich, x-mal sagen wir „Tut mir leid", aber unser Verhältnis wird nicht erfreulicher, weil wir Menschen nachtragend sind und nicht alles vergeben und vergessen ist, auch wenn wir es sagen.

Jesus, wenn du von Versöhnung sprichst, dann rufst du zur Umkehr und zu einer Veränderung unseres Lebens auf:
Erstarrte Beziehungen sollen aufbrechen und lebendig werden, beleidigende Worte sollen verstummen und liebevolle Worte ihren Platz einnehmen, zornige Blicke sollen vergehen, damit ein Lächeln unser Gesicht erhellen kann.

Jesus, mache uns Mut zu einer echten und tiefgreifenden Versöhnung, damit die Welt sich verändert.

7. Mit allen Sinnen leben

Einstiege

Ich habe es satt
Ein Gebet

Herr,
ich habe es satt,
den Hals zu verdrehen und jedem Trugbild nachzugaffen.
Ich drehe mich nicht mehr um.
Geradeaus sehe ich und schweige.
Ich gönne meinem Nacken Ruhe.

Denn mein Nacken ist müde,
müde vom ewigen Drehen und Wenden.
Mache mich zu einem Menschen,
der geradeaus geht,
daß ich nur auf deinen Weg schaue,
den Weg, den du mir zeigst.

Meine Ohren sind müde
vom Lärm der Züge und Autos,
müde vom Nachhall der Worte,
vom Kopfweh kommender Tage,
sehr, sehr müde und beinahe ertötet
vom klingenden, betäubenden Lärm.

Ich habe es satt,
gereizt zu werden,
gereizt von den vielen Dingen draußen
und von der Selbstsucht drinnen.
Herr, reize du mich,
daß deine große Liebe mich treibt
und ich in Ewigkeit fröhlich bin.

John Mbiti

Bist du bei Sinnen?
Meditation

Sinnlichkeit in der Welt -
Wo finde ich sie?
Der kreischende Lärm erschlägt die leisen Töne.
Schrille Reklame, flimmerndes Neonlicht,
Getöse und anhaltender Lärm in den Straßen.
Wie kann ich da bei Sinnen sein?
Wie kann ich da sinnlich sein?
Die Sinne verschließen sich und werden taub,
um mich zu schützen vor der Überflutung der Reize.
Ich muß sie mir suchen, die kleinen Oasen:
Augenblicke für Zartes und Leises,
Momente der Stille und Beschaulichkeit.
Mühsam ist es, die Lust der Sinne wieder zu wecken
und es neu zu erleben:
das Rauschen der Bäume,
das Plätschern der Bäche,
die Düfte in der Luft,
den Geschmack des Brotes,
das Lachen und Weinen eines Kindes,
die zarten Töne der Musik
oder das Schwingen der Stille.

Wenn du von Sinnen bist,
dann entdecke sie neu und wecke sie auf:
Leben mit allen Sinnen.

Sinnesübungen

- Anregung: *Über die Sinne kann man natürlich reden und nachdenken, aber ist es nicht viel logischer und konsequenter, sie anzuregen und auszuprobieren?*
  Natürlich muß eine praktizierbare Form gefunden werden. Möglich ist es sowohl im Gottesdienst als auch z.B. bei einem „Schöpfungsgang" mit verschiedenen Stationen durch die Natur.

Sehen: Betrachtung eines meditativen Bildes (aus dem Alltag, aus der Kunst, eines Mandalas ...), einer Bildreihe (z.B. zum Sonnengesang des hl. Franziskus oder zu der Schöpfungsgeschichte) oder eines Ausblicks/Panoramas in der Natur ....
Hören: Alltagsgeräusche oder Geräusche aus der Natur wahrnehmen (Wind, Regen, Wasser ...), Musik hören ...

Riechen: eventuell in kleinen Stoffbeuteln bereitlegen: Kräuter, Gewürze ...; in der Natur: Baumrinde, Holz, Laub ...
Tasten: verschiedene Gegenstände abtasten, Gesicht(er) berühren, den eigenen Körper fühlen ...
Schmecken: ein Stück Brot oder Apfel langsam, bewußt essen und kauen ...

Sehen

- Biblische Bezüge: *Erzählungen von den Blindenheilungen, z.B. Lk 2,25-32 o.a.*

Blindheit erfahren
Eine Übung

Um die Wichtigkeit des Sinnesorgans Auge zu erfahren, kann man die folgende Übung machen:
Zwei oder drei Personen bilden eine Gruppe. Eine oder zwei Personen schließen die Augen und lassen sich von ihrem Partner führen. Vielleicht stehen verschiedene Wegoberflächen zur Verfügung: holprig, glatt und eben, sandig, steinig.
Unterwegs ist es möglich, Pflanzen, Sträucher, Bäume, Steine, Erde zu berühren.
Anschließend werden die Rollen gewechselt, und es findet ein kurzer Austausch über die Erfahrungen statt.

Wortspiele zum Sehen

Den Hals recken; Trugbildern nachgaffen; schwarzsehen; durch eine rosarote Brille sehen; die Welt von oben betrachten; den Überblick haben oder verlieren; alles verschwommen sehen; geblendet werden; vieles übersehen; wegsehen; jemandem in die Augen sehen können; aus den Augen, aus dem Sinn; sich satt sehen; jemanden nicht mehr sehen können; die Augen schließen und nicht mehr hinschauen; aus einer Perspektive sehen; einäugig sehen ...
lachende Augen, weinende Augen, traurige Augen, müde Augen...

Auf dem Markt von Aubenas

Auf dem Markt von Aubenas
habe ich ein Mädchen gesehen,
das war so schön, daß ich stehen blieb
und mich noch einmal umdrehte.

Und da konnte ich sehen,
daß die Schönheit dieses Mädchens
von ihren Augen herkam.
Ich kann mich nicht einmal
an die Farbe ihrer Augen erinnern,
nur daran, daß diese Augen voller Leben waren,
daß dieses Leben überströmte auf das Gesicht,
und das gab ihm Schönheit.
Diese Augen waren voller Licht,
und das Licht ließ das ganze Gesicht erstrahlen.

Dann wurde ich traurig,
weil ich an die vielen Gesichter dachte,
denen ich begegnet bin:
mit Augen, die tot sind wie verfallene Gräber,
weil es nichts mehr gibt,
an dem sie Freude haben,
weil sie alles schon gesehen haben,
ja, weil sie sich über nichts mehr freuen können.
Ich dachte an die Augen,
die leer sind wie ausgeplünderte Schaufenster,
in denen nichts mehr vorhanden ist
an Leben, an Licht, an Würde,
weil sie alles, weil sie sich selbst
ausverkauft haben zu herabgesetzten Preisen.

Wir sind auf dem Weg unseres Lebens
und schleppen ungenützte Lasten auf unserem Rücken:
den Streß und die Alltagshetzerei,
die Sorge um die Zukunft und das tägliche Brot,
Unfrieden mit Gott.
Und wir sehen nichts mit unseren Augen:
Wir sehen nicht die Schönheit der Schöpfung,
wir sehen nicht die Erhabenheit der Kunstwerke,
wir sehen nicht das Antlitz des Erlösers
im Gesichte des gequälten Weggefährten.

Norbert Hoffmann

Ein Gesicht haben

Herr, ich möchte ein Gesicht haben.
Herr, schenke mir ein Gesicht.
Mein Gesicht soll ausdrucksvoll und unverwechselbar sein.

Meine Visitenkarte soll es sein,
ein Spiegel meiner Person, meiner Gefühle und Stimmungen.
Das wünsche ich mir.
Herr, schenke mir ein Gesicht.
Es soll leuchten und andere froh stimmen,
es soll aber auch widerspiegeln, wenn es mir nicht gut geht.
Es soll „Ich" sein und eine Brücke zum „Du" bauen.
Es soll das Ebenbild Gottes sein.
Herr, öffne mir die Augen,
ich möchte sehen und ange-sehen werden.
Dein Bild leuchte auf in meinem Gesicht.

Der kürzeste Weg

Von Blick zu Blick
von Hand zu Hand
von Mensch zu Mensch
von mir zu dir:
Gibt es einen kürzeren Weg zu dir, o Gott?

Martin Gutl

Dich sehen

Herr Jesus,
oft sehe ich dich
im Blühen der Blumen,
ich höre dich im Rauschen des Windes,
ich fühle dich in den warmen Strahlen der Sonne.
Du bist da, da in der Natur.

Herr Jesus,
in den flehenden Augen der Einsamen sehe ich dich nicht.
In den Schreien der toten Ungeborenen höre ich dich nicht.
In den gelähmten Gliedern der Behinderten nehme ich dich nicht wahr.
Doch du bist da, da in diesen Menschen.
Da bist du näher als in den schönen Dingen der Natur.

Laß mich nie vergessen, daß ich durch sie dir begegne,
denn du bist in allen deinen Kreaturen.

Mich satt sehen

Mich satt sehen an den Wiesen und Hügeln
Den Schleier wahrnehmen
den die Sonne sanft darüber ausbreitet
wie eine Mutter
Und mich erheben zu Dir Großer Gott

Mit Lust schauen auf einen Baum
Den Reiz wahrnehmen
der von ihm ausgeht
wie von zarter Hand
Und mich erheben zu Dir Großer Gott

Mit Freude blicken in das Gesicht eines lieben Menschen
Die Anmut bestaunen
die darüber ausgegossen ist
wie Morgentau
Und mich erheben zu Dir Großer Gott

Mit Schrecken feststellen das Elend der Menschen
Die Frage hören
die eingeschrieben ist in jede Not
wie die zehn Gebote in Stein
Und mich erheben zu Dir Großer Gott

Anton Rotzetter

Hören

- Biblische Bezüge: *z.B. Sam 3,1-21*

Auf die Stille hören
Eine Übung

Die Stille aushalten und spüren, ohne Ablenkung durch Radio oder Musik, einfach die Umgebung wahrnehmen, die Geräusche um mich herum, auch mich selbst mit meinen Regungen, mit meinem Körper (Atem, Puls, Sinne ...), meinen Gedanken nachgehen.
Vielleicht dabei die Erfahrung machen, daß mein Leben noch aus anderen Elementen besteht, daß mein Lebensraum größer wird, daß Leben mehr ist als Termine und Eile.
Vielleicht merken, daß die Stille zu einer Quelle werden kann, die mein Leben ordnet, die Freude, Zufriedenheit und Glück bedeutet.
Vielleicht sagen: Hier, in dieser Stille wohnt Gott. Herr, bleibe bei mir.

Wortspiele zum Hören

Etwas nicht mehr hören können; ganz Ohr sein; überhören; Stille hören; etwas aufschnappen; lauschen, horchen; mitkriegen; Ohrwurm; sich etwas sagen lassen; an den Lippen hängen; die Ohren spitzen; Ohren auf Durchzug stellen; Du kannst nicht hören!; abhören; Anhörung; weghören ...

Zwei Lebensweisen

- Anregung: *In dieser Gegenüberstellung kommen zwei verschiedene Lebensweisen zum Ausdruck. Es bietet sich an, dies durch zwei SprecherInnen zu verdeutlichen.*

1. Lebensweise	*2. Lebensweise*
Ich rede gerne. Auf häufiges Schweigen stehe ich nicht so.	Ich bin still und höre lieber zu.
Ich muß mitreden können, darum liebe ich das Geschwätz.	Ich liebe die Stille und lausche auf die Töne in meiner Umgebung.
Ich rühre gerne in der Gerüchteküche.	Ich rede nicht viel, versuche aber auf meine innere Stimme zu hören.
Mein Tag und mein Leben ist nur eine Hetze und Unruhe.	Ich lebe gelassen und besonnen. Das Abschalten-Können habe ich trainiert.
Tagsüber während der Arbeit brauche ich die Musik. An den Lärm draußen habe ich mich gewöhnt. Rummel muß sein!	Ich freue mich auf die Meditation, das stille, nachdenkliche Gebet. Ich warte, bis es in mir spricht, bis ich die Stimme Gottes in mir hören kann.

Ganz Ohr sein

Hast du schon einmal erlebt, daß jemand ganz Ohr war? Daß er ganz Ohr war für das, was du ihm erzählt hast? Wenn du das schon einmal erlebt hast, dann erinnere dich daran, und halte die Erinnerung fest wie einen kostbaren Schatz. Denn es geschieht nicht oft, daß wir es erleben. Halte deine Erinnerungen fest, und mache dir noch einmal bewußt, was da geschehen ist, als jemand so für dich Ohr war. Denke an die Wertschätzung, die du gespürt hast, weil du für diesen Menschen so wichtig warst, daß er auf jedes Wort gelauscht hat, was du

gesprochen hast, sogar die Unter- und Zwischentöne hat er wahrgenommen. Du warst so wichtig, daß nichts anderes in diesem Moment zählte. Er hatte Zeit für dich, nur für dich. Alles andere konnte warten. Nichts hat euer Gespräch unterbrochen und gestört. Eigentlich war es gar kein Gespräch, denn dein Gegenüber hat nur gehört, nur aufgenommen, nur reagiert. Du hast geredet, vielleicht fließend und überstürzt wie ein Wasserfall, vielleicht stockend und unsicher, nach Worten suchend. Denke auch daran, wie sich allein dadurch, daß sich dir jemand mit ungeteilter Aufmerksamkeit widmete, und dadurch, daß du erzählen konntest, was du auf dem Herzen hattest, sich die Nebel deines Problems und deiner Fragen lichteten; wie du schon während des Redens allmählich eine Ahnung davon bekamst, wo die Lösung liegt und was getan werden muß, und du dich fragtest, warum du nicht schon längst darauf gekommen warst. Denke daran, wie dankbar und gelöst du nach der Begegnung warst und wie optimistisch du wieder in die Zukunft sehen konntest.
Denke an all diese Dinge, und dir wird bewußt, daß du ein großes Geschenk von deinem Gegenüber bekommen hast: das Geschenk der Wertschätzung und Anteilnahme, der ungeteilten Aufmerksamkeit und Zeit.
Denke an all diese Dinge und an die Kostbarkeit solcher Augenblicke, und vielleicht stellst du dir die Frage, wann du das letzte Mal ganz Ohr für einen anderen warst.

Mein Herz fließt über von Dank

Mein Herz fließt über von Dank
Denn ich höre Musik
und weiß, daß ich sein darf

Mein Inneres strömt über von Zufriedenheit
Denn ich höre die Vögel
und weiß, daß sie singen von der Liebe

Mein Wesen läuft über von Freude
Denn ich höre ein Wort
und weiß, daß ich gemeint bin

Mein Geist überbordet von Widerstand
Denn ich höre den Schrei
und weiß, daß ich handeln muß.

Anton Rotzetter

In die Stille hören

Herr, laß mich ruhig werden, damit ich hören kann.
Ich möchte hören, was in mir und um mich herum passiert.
Noch bin ich voll von den Tagesgeräuschen,
noch schwingt die Hetze, die Eile und Unruhe in mir nach.

Herr, die Ruhe und Stille wirken auf mich.
Ich verspüre kein Bedürfnis nach lauter Musik, Lautsprecherdurchsagen, Motorenlärm.
Ich will nicht reden, schwätzen.
Die Stille bringt die Saiten meiner Seele ins Schwingen.
Ich bin ruhig und lausche dem Lied, das in meinem Innern erklingt.
Das Schweigen und die Stille eröffnen ein Zwiegespräch.
In mir werden Klänge lebendig und lassen mich aufhorchen.
Ich höre das Rauschen des Windes.
Ich höre das Brausen des Meeres.
Ich höre die Stimmen der spielenden Kinder.
Ich höre die Klänge der Instrumente und die Töne einer Melodie.
Ich höre die wohltuenden Worte eines Menschen.
Ich höre, wie deine Schöpfung zu mir spricht.
Ich erlebe mich neu.
Ich bin nicht mehr der Redende, sondern der Hörende.
Die Stille und mein Schweigen, sie geben mir Kraft.
Ich glaube, Gott spricht zu mir, und ich höre ihn.

Herr, ich höre dich in der Stille und in meinem Schweigen.
Laß dich finden.
Sei in mir und bei mir.

Schmecken und Riechen

- Biblische Bezüge: *u.a. 2 Kor 2,14-17; Ez 2,1-3,3; Joh 6,51-59*

Auf den Geschmack kommen

Eine Einführung

Wir kennen alle den Ausspruch: „Das Auge und die Nase essen mit.“ Unsere Blicke schweifen gerne über eine bunte und abwechslungsreich gedeckte Essenstafel, und unsere Nase nimmt gerne die Düfte einer Festmahlzeit wahr. Wir Menschen feiern gerne und freuen uns auf Feste. Viele Gedanken kreisen um die Vorbereitung. Wir planen und sammeln Ideen für die Gestaltung.

Unsere Überlegungen konzentrieren sich auf das Essen und das Trinken. Es soll bunt aussehen, gut duften und nett und appetitlich angerichtet sein.
Die Festtafel wird dekoriert und mit Blumen geschmückt, damit die richtige Stimmung aufkommen kann. Die festliche Musik und Kerzenlicht dürfen natürlich nicht fehlen.
Unsere Feste wie Weihnachten, Ostern, Hochzeiten, Geburtstage erhalten durch die äußere Gestaltung ihren außergewöhnlichen, ihren feierlichen Charakter.
Wir fühlen uns wohl und freuen uns, weil alle unsere Sinne angesprochen werden.
Haben die kirchlichen Feste einen sinn-lichen Charakter? Wodurch?
Feiern wir Gottesdienste mit all unseren Sinnen?
Hat unser Glaube Zeichen und Symbole, die ihn lebendig machen? Welche sprechen uns besonders an?
Werden wir in der Kirche mit Leib und Seele angesprochen?
Können wir und andere „auf den Geschmack kommen"?

Wortspiele zum Schmecken und Riechen

Das war eine dufte Veranstaltung; auf den Geschmack kommen; ein appetitanregender Duft; bei dem Duft läuft das Wasser im Mund zusammen; hier herrscht dicke Luft; den Duft der großen, weiten Welt schnuppern; erfrischender Blütenduft; einmal kosten; nach Herzenslust essen und trinken; sich den Bauch vollschlagen; gut gewürztes Essen; würzig und pikant; Essen und Trinken hält Leib und Seele zusammen; jemanden nicht riechen können; an dem Essen ist kein Geschmack; etwas stinkt mir; in etwas hineinriechen; seine Nase in etwas hineinstecken; sich gut riechen können; die Nase rümpfen; genießen; das ist geschmacklos ...

Kunstwerk Nase

Eine Geschichte

„Erzähl mir die Geschichte vom Mann, der die Nase verlor!" Mit diesem Wunsch überraschte mich der dreijährige Tobias eines Abends beim Zubettgehen. Du bist recht anspruchsvoll, denke ich. Aber ich gebe mir Mühe, eine „vernünftige" Geschichte zu erfinden. Ein Mann verliert bei einer Expedition in den hohen Norden seine Nase durch Erfrieren. Die ärztliche Kunst bringt es fertig, den Schaden wenigstens nach außen durch eine künstliche Nase und mit Hautverpflanzung zu beheben. Aber die Fähigkeit zu riechen ist fast weg. In der Hilflosigkeit und weil ich Zeit gewinnen will, um über die Fortsetzung der Geschichte nachzudenken, zähle ich alles Mögliche auf, was der Mann nicht mehr riechen kann: die Blumen, das Parfüm seiner Frau, den Braten, die Kerze aus Bienenwachs, die Luft im Schnee, das Holz in einer Schreinerei, frisches Brot, einen Bauernhof, die Abgase, frisch gemahlenen Kaffee, einen eben gepflügten Acker usw. usw. Und während ich erzähle, geht mir auf, was für ein großartiges Organ die Nase ist, die ich nicht verloren habe, sondern besitze. Und wir beide, Tobias und ich, staunen über das Kunstwerk Nase.

Bruno Dörig

Der Geruch der Welt

Ein Gebet

Riechen - den Qualm des Krieges in zerschossenen Städten.
Riechen - den Rauch von Geschossen und verwüsteten Landschaften.
Riechen - das Blut der Verwundeten und die Verwesung so vieler Toter.
Riechen - den Gestank der Auffanglager und Massenunterkünfte.
Riechen - den Schmutz der Flüchtlinge auf dem Weg der Verzweiflung.
Riechen - den Schweiß ausgebeuteter Arbeiter, Sklaven und Kinder.
Riechen - die Angst in den Luftschutzkellern und Krankenhäusern.

Menschen hören und sehen das Elend der Welt in den Nachrichten,
aber der Geruch erreicht sie nicht.
Laß mich, Herr, empfindsam bleiben für die Gerüche der Welt,
bringe mich auf den Geschmack, Frieden zu stiften und
beizutragen zur Gerechtigkeit, zu Geschwisterlichkeit und Menschlichkeit
und zum Bau einer besseren Welt.

Geschmack finden am Leben

Ein Gebet

Riechen will ich all die Kostbarkeiten deiner Schöpfung, guter Gott,
den Duft der Blumen und der Blüten,
die Luft des Waldes und das Wachs der brennenden Kerzen,
den Duft frischen Brotes und Kaffees.
Dank sei dir für die Düfte und Gerüche, guter Gott,
wie wohltuend sind sie, wie belebend.

Schmecken will ich alles, was auf der Zunge zergeht, guter Gott,
die Früchte der Erde und des Feldes,
das Süße und das Saure, das Milde und das Bittere,
die Nahrung und die Getränke.
Dank sei dir für den Geschmack, guter Gott,
wie vielfältig ist er, wie bereichernd.

Kosten will ich alles, was das Leben mir bringt, guter Gott,
die Erfahrungen und Träume,
die Menschen, Erinnerungen,
das Schöne und das Schmerzliche.
Dank sei dir für den Schatz des Lebens, guter Gott,
wie reich ist er, wie kostbar, wie gut.

Tasten

- Biblische Bezüge: *die Heilungsgeschichten; Lk 7,36-39*

Berührungen
Eine Einführung

Morgens, wenn ich aufgestanden bin, spüre ich beim Waschen das Wasser in meinen Händen, in meinem Gesicht. Draußen nehme ich auf meiner Haut die Wärme und die Kälte wahr. Beim Spaziergang am Strand weht der Wind durch die Haare und das Gesicht. Ich reagiere auf Schmerz, spüre den warmen Händedruck bei einer Begegnung, das zärtliche Streicheln und eine Umarmung, den Kuß auf der Wange.
Durch den Tastsinn nehme ich die Äußerungen der Natur wahr, die Elemente und ihr Spiel: das Wasser, den Wind.
Der Tastsinn läßt mich die Nähe und das Glück einer Begegnung erfahren.
Der Tastsinn spricht die Gefühle an, läßt in mir klingen, was häufig in Worten gar nicht aussprechbar ist. Die Worte geben es nur unzulänglich wieder:
„Ich freue mich, daß du da bist. Ich fühle mich wohl und geborgen in deiner Gegenwart. Ich liebe dich."

Wortspiele zum Tasten

Empfindlich reagieren; eine dünne Haut haben; rühr mich nicht an; streicheln; ertasten; fühlen, spüren; be-greifen; die Hand geben; eine Gänsehaut bekommen; Schmerz empfinden; Zärtlichkeit; etwas geht unter die Haut; mit Haut und Haar; aus der Haut fahren; Gespür entwickeln; etwas geht durch meine Hände; Gefühl ...

Gebet

Wir sehnen uns danach,
von dir berührt zu werden, großer Gott.

Wir möchten deine Nähe spüren,
uns in deine Hände geben
und Ruhe finden,
Wärme und Sicherheit.
Hilf uns,
ein Ge-spür zu entwickeln für deine Nähe,
be-rühr-bar zu werden und zu bleiben
für die Menschen, mit denen wir leben,
dich zu be-greifen,
den fernen und den nahen Gott.

Als ganzer Mensch leben

Elemente für einen Bußgottesdienst

- Anregung: *Die folgenden Elemente könnten ebenso in einer Veranstaltungsreihe aufgegriffen werden, z.B. in mehreren Gottesdiensten, die unter dem Oberthema stehen. Sie können auch auf verschiedene Stationen, z.B. bei einer Wallfahrt oder einem Emmausgang, aufgeteilt werden. Bei diesen Formen ist eine Ausweitung der verschiedenen Aspekte durch erlebnis- und erfahrungsorientierte „Übungen" vielleicht noch eher denkbar, besonders, wenn auch Kinder angesprochen sind.*

Einleitungsgeschichte

Während meines Stadtbummels durch die Straßen der Innenstadt erblicke ich im Fenster eines Reformhauses die Abbildung eines menschlichen Körpers mit seinen inneren Organen. Der Organismus ist hergestellt aus Glas. Kleine, dünne Glasröhrchen, in denen rote und blaue Flüssigkeit fließt, verteilen sich über den ganzen Körper bis hinein in kleinste Verästelungen. Vor meinen Augen ein Gewirr von Bahnen und Organen von Kopf bis Fuß.
Ich erkenne das Herz, die Lunge, verfolge den Verlauf des Blutkreislaufes, sehe die feinen Nervenbahnen und stramme Muskeln. Ich habe einen Einblick in das Innere des menschlichen Körpers. Alles ist aufeinander abgestimmt. Es läuft wie am Schnürchen.
Ich betrachte das Modell und denke: Wenn mein Körper stets so perfekt funktionieren würde! All meine Fehler und Krankheiten gehen mir durch den Kopf - Grippe, Kopfschmerzen, Magenschmerzen, Herzklopfen, Schwindelanfälle, Muskelkater ... - Mir wird klar, daß ich nicht so perfekt, so aufeinander abgestimmt funktioniere. Ich habe Fehler und Schwächen.
Nachdenklich gehe ich weiter. Ich erinnerte mich an eine Religionsstunde, in der wir uns im Gespräch klar wurden, daß der Mensch mehr ist als nur ein

biologisches Wesen. Der Religionslehrer sagte: Der Mensch ist eine Einheit von Leib und Seele. Und eine Menge Fragen tauchten auf, die uns damals im Unterricht beschäftigten und die mir nun bei meinem Stadtbummel wieder durch den Kopf gehen:

- Du hast Augen: Was siehst du damit? Nur dich oder auch die anderen und deine Umwelt?
- Du hast Ohren: Was hörst du damit? Nur deine eigene Stimme oder auch die Rufe um dich herum?
- Du hast Hände: Ballst du sie zur Faust und verursachst Streit? Oder öffnest du sie zur Versöhnung oder zum Teilen?
- Du hast Füße: Was geschieht mit ihnen? Verteilst du Fußtritte und übst Gewalt über andere aus? Oder begleitest du jemanden auf seinem (beschwerlichen) Lebensweg?
- Du hast Gefühle: Wie und wann setzt du sie ein? Achtest du die Lebensweise der Mitmenschen? Nimmst du die Meinungen der anderen an? Oder stehst du im Mittelpunkt? Versteckst du dich hinter der Maske eines coolen Typen, weil das Zeigen von Gefühlen gnadenlos bestraft wird?

Besinnung

Jesus hat den Menschen, hat uns vorgelebt, wie man als ganzer Mensch leben kann. Schauen wir auf das Evanglium, um zu erfahren, wie er den Menschen begegnete und sie zu ganzen Menschen machte.

Die Augen

Erlebniselemente:

- *Was sehe ich, wenn ich mich auf den Boden hocke? (Pflanzen, Tiere ...)*
- *Naturmemory: zu Gegenständen, die aus der Natur stammen, ein Gegenstück finden; z.B. ein bestimmtes Blatt, eine Feder, einen Stein ...*
- *Was hat sich verändert? Jede/r TeilnehmerIn verändert etwas an seiner/ihrer Kleidung, seinem/ihrem Äußeren, z.B. Schuhband öffnen, Brille absetzen ...; eine/r aus der Gruppe, der/die sich zuvor die Augen zugehalten hatte, versucht herauszufinden, was sich verändert hat.*

Als Jesus mit seinen Jüngern und einer Menschenmenge die Stadt Jericho verlassen wollte, saß am Straßenrand ein blinder Bettler, Bartimäus. Er erfuhr, daß Jesus in der Stadt war. Er rief: „Jesus, Sohn Davids, hab Erbarmen mit mir." Nach mehreren Rufen blieb Jesus stehen und sagte: „Ruft ihn her!" Die Jünger holten Bartimäus und führten ihn zu Jesus. Jesus fragte ihn: „Was soll ich für dich tun?" Der Blinde antwortete: „Ich möchte wieder sehen können."

Jesus sprach zu ihm: „Geh! Dein Glaube hat dir geholfen." Im gleichen Augenblick konnte er wieder sehen (Mk 10,46-52, gekürzt).

Impulse

Jesus hat einen Menschen sehend gemacht. Wir können sehen. Können wir wirklich sehen? Sehe ich die Schönheit dieser Welt? Achte ich die Schöpfung und all die kostbaren Werke, die mich umgeben? Sehe ich die frohen Menschen in meiner Umgebung? Trage ich zur Freude unter den Menschen bei? Nehme ich den tröstenden Blick eines anderen wahr?

Die Ohren und die Sprache

Erlebniselemente:
- *Ich schließe die Augen, wie viele Vogelstimmen/Geräusche nehme ich wahr?*
- *Stille Post: Ein Wort/Satz wird im Kreis von einem zum anderen weitergeflüstert. Kommt am Ende das Wort an, welches auf die Reise geschickt wurde, oder hat es sich verändert?*

Man brachte einen Taubstummen zu Jesus und bat ihn, er möge ihn berühren. Jesus legt ihm die Finger in die Ohren und berührte die Zunge des Mannes mit Speichel. Jesus blickte zum Himmel und sagte zum Taubstummen: „Effata! Öffne dich!" Sogleich öffneten sich seine Ohren, und seine Zunge wurde von ihrer Fessel befreit (Mk 7, 32-35, gekürzt).

Jesus hat einen Menschen geheilt. Er konnte sprechen und hören. Wir können sprechen und hören. Wirklich?
Denke ich, wenn ich rede, an die Wirkung, die meine Worte haben? Denke ich, wenn ich rede, daran, daß meine Worte einen Menschen zum Guten und zum Bösen beeinflussen können? Denke ich, wenn ich rede, daran, daß meine Worte tröstend sein, aber auch Verachtung ausdrücken können?
Ich frage mich: Kann ich meinen Mitmenschen zuhören? Kann ich still und ruhig werden, um die Sorgen und Nöte, die es in der Welt gibt, wahrzunehmen? Brauche ich ständige Musik, Lärm, die vielen Geräusche, den Computer, um mich abzugrenzen, damit ich für die Umwelt taub werde? Habe ich nur wenig Zeit für Gespräche mit anderen?

Gebet

Jesus, du hast mit deinen Worten und in deinem Tun die Menschen von ihrem Leid befreit und von ihrer Krankheit geheilt. Du hast die Menschen, die

dir begegneten, angenommen, wie sie waren. Du hast sie wahrgenommen, Mitleid mit ihnen gehabt, ihre Trauer und ihre Freude geteilt. Du warst ihnen ein Freund.
Nimm auch mich an, so wie ich bin. Nimm von mir die drückende Last, dir nur dann begegnen zu dürfen, wenn ich ein fehlerfrei und perfekt funktionierender, guter Mensch bin. Du kündigst die Freundschaft mit uns nicht, wenn wir schwach und fehlerhaft sind. Amen.

Das Tasten und Fühlen

Erlebniselemente:
- *Eine Zahl oder ein Buchstabe wird auf meinen Rücken gemalt. Kann ich sie/ihn erfühlen/erraten?*
- *Eine Berührung wird im Kreis mit geschlossenen Augen weitergegeben.*

Jesus ging in das Haus eines Pharisäers, der ihn zum Essen eingeladen hatte, und er legte sich zu Tisch. Als nun eine Sünderin, die in der Stadt lebte, erfuhr, daß er im Haus des Pharisäers bei Tisch war, kam sie mit einem Alabastergefäß voll wohlriechendem Öl und trat von hinten an ihn heran. Dabei weinte sie, und ihre Tränen fielen auf seine Füße. Sie trocknete seine Füße mit ihrem Haar, küßte sie und salbte sie mit ihrem Öl. Als der Pharisäer, der ihn eingeladen hatte, das sah, dachte er: Wenn er wirklich ein Prophet wäre, müßte er wissen, was das für eine Frau ist, von der er sich berühren läßt; er wüßte, daß sie eine Sünderin ist. (...) Jesus wandte sich der Frau zu und sagte zu ihm: Siehst du diese Frau? Als ich in dein Haus kam, hast du mir kein Wasser zum Waschen der Füße gegeben; sie aber hat ihre Tränen über meinen Füßen vergossen und sie mit ihrem Haar abgetrocknet. Du hast mir zur Begrüßung keinen Kuß gegeben; sie aber hat mir, seit ich hier bin, unaufhörlich die Füße geküßt. Du hast mir nicht das Haar mit Öl gesalbt; sie aber hat mir mit ihrem wohlriechenden Öl die Füße gesalbt. Deshalb sage ich dir: Ihr sind ihre vielen Sünden vergeben, weil sie mir so viel Liebe gezeigt hat. (...) Und er sagte zu der Frau: Dein Glaube hat dir geholfen. Geh in Frieden (Lk 7,36-39).

Jesus weiß, wie sehr die Menschen auf Berührungen angewiesen sind. Er kennt die Berührungen und Gesten, die lösen und heilen. Er berührt Kranke und Ausgestoßene und läßt sich berühren vom Leben und Schicksal anderer. In seiner Nähe spüren die Menschen die entgegenkommende und zärtliche Liebe Gottes.
Und ich? Wie gehe ich mit den Menschen meiner Umgebung um? Lasse ich mich berühren von ihren Problemen und Sorgen, anrühren von ihren Fragen und Nöten? Oder gehe ich unberührt und gleichgültig durch meine Zeit?

Kenne ich die Gesten und Berührungen, die lösen und heilen können? Mit meinen Händen? Meinem Gesicht? Meinen Lippen und Worten? Be-greife ich, was wirklich wichtig ist im Leben?

Gebet

Gott, wir sehnen uns danach, von dir berührt zu werden.
Wir möchten deine Nähe spüren, uns in deine Hände geben
und so Ruhe finden, Wärme, Sicherheit und Geborgenheit.
Hilf uns, ein Gespür zu entwickeln für deine Nähe und
für die der Menschen, die uns Liebe schenken.
Mache uns sensibel, dich in deinem Wesen zu begreifen.
Hilf uns, nach dir zu tasten und dich zu suchen.
Hilf unserem Glauben, wenn du uns fern scheinst,
und schenke uns Momente, in denen wir deine Nähe spüren.
Mache uns Mut, dich unter den Menschen zu verkünden.
Gib uns Fingerspitzengefühl im Umgang miteinander
und der Schöpfung, in der wir leben.

Leben, wie Jesus es vorgelebt hat (Nachfolge Jesu)

Jesus ging wieder hinaus an den See. Viele Menschen kamen zu ihm. Jesus lehrte sie und erzählte ihnen von seinem Vater und dem nahenden Reich Gottes und hielt sie an, ihr Leben durch Buße und Umkehr zu verändern. Nach einer Weile ging Jesus weiter. Er sah am Zoll Levi, einen Zöllner. Jesus sprach ihn an und sagte: „Folge mir nach!“ Levi stand auf und folgte ihm. Jesus kehrte in das Haus des Levi ein und aß mit ihm und vielen anderen, die ihm gefolgt waren (Mk 2,13-15, gekürzt).

Impulse

Jesus spricht Menschen an und begeistert sie für Gott. Auch heute lassen sich viele Menschen auf Jesus ein und folgen ihm begeistert. Und ich?
Ich höre Gottes Wort: Bin ich bereit, mich für sein Wort zu öffnen und es aufzunehmen? Versuche ich, nach diesem Wort zu leben?
Ich höre Gottes Wort in Diskussionen und Gesprächen: Bin ich bereit, ernsthaft über Gottes Wort zu reden und über seine Bedeutung nachzudenken?
Ich höre Gottes Wort in den Gottesdiensten, in der Kirche: Bin ich bereit, an den Gottesdiensten teilzunehmen, um Gott zu loben, zu preisen, sein Wort zu hören, mit ihm zu sprechen und ihm im Wort und im Sakrament zu begegnen?

Ich sehe im Alltag Menschen, die durch ihr Leben das Wort Gottes verkünden: Bin ich bereit, in meinem Alltag Gottes Wort in meinem Leben lebendig werden zu lassen? Bin ich bereit, auf der Suche nach Antworten für mein Leben über sein Wort nachzudenken und im Gebet mit ihm den richtigen Weg für mich zu finden?
Gott spricht uns in unserem Leben an, wie er es bei Levi getan hat. Manchmal spüren wir es. Oft nehmen wir seinen Anruf aber auch erst später wahr, wenn wir über die Situationen und Entscheidungen unseres Lebens nachdenken.
Wir müssen still werden, über unser Leben nachdenken, um Gottes Wort zu hören. Jesus will uns für seine Botschaft begeistern. Wer an Gott glaubt und an seinem Sohn abliest, wie man Menschen begegnen und Leben gestalten kann, der wird lernen, als ganzer Mensch zu leben.

Gottes Zeichen wahrnehmen

Seht Gottes Zeichen in dem, was eure Augen wahrnehmen:
die Farben, die Blumen, den Himmel, die Menschen,
das Filigrane und das Grobe,
das Kleine und das Große,
das Schöne und das Häßliche,
das Gute und das Elend.
Hört Gottes Zeichen in dem, was eure Ohren wahrnehmen:
die Geräusche, die Musik, die Töne, die Wörter,
das Laute und das Leise,
das Harmonische und das Disharmonische,
das Angenehme und das Unangenehme,
die Lieder und die Schreie.
Riecht Gottes Zeichen in dem, was eure Nase wahrnimmt:
die Düfte, die Gerüche, den Regen, den Gestank,
das Frische und das Anregende,
das Würzige und das Verheißende,
das Aromatische und den Qualm,
das Natürliche und das Künstliche.
Schmeckt Gottes Zeichen in dem, was euer Geschmack wahrnimmt:
die Gewürze, die Getränke, das Aroma, die Nahrung,
das Süße und das Saure,
das Zarte und das Deftige,
das Geschmackvolle und das Bittere,
das Nahrhafte und das Prickelnde,

die Mahlzeiten und den Hunger.
Spürt Gottes Zeichen in dem, was eure Haut wahrnimmt:
die Stoffe, die Oberflächen, die Gefühle, die Schmerzen,
das Glatte und das Rauhe,
das Anschmiegsame und das Starre,
die Freude und das Leid,
das Glück und die Not.

Nehmt Gottes Zeichen wahr um euch herum!
Sie sind Ausdruck seiner Güte und Sorge um uns,
sie sind aber auch die Aufforderung an uns, die Welt zu verändern.

8. Frieden und Gerechtigkeit

- Biblische Bezüge: *z.B. Jes 51,1-8; 42,1-9*

Unbequeme Gerechtigkeit

Wenn Jesus das Reich Gottes beschreiben will, spricht er von Gerechtigkeit. Unsere Väter verstanden darunter die Gerechtigkeit des einzelnen Menschen vor Gott. Heute erkennen wir, daß Jesus Gerechtigkeit in der Welt überhaupt suchte: nicht eine Gerechtigkeit, die im Gehorsam gegenüber menschlichen Ordnungen und Obrigkeiten besteht, sondern eine, die ein Schutz ist für das Glück und den Frieden der Menschen.
Wer heute verstehen will, was Gerechtigkeit ist, und um Gerechtigkeit zu beten versucht, muß erkennen, daß es heute unmöglich ist, Recht und Unrecht so zu trennen, wie man es bisher getrennt hat: der Staatsanwalt ist im Recht, der Aufrührer nicht. Der Besitzende ist im Recht, der Landstreicher nicht. Der das Bestehende erhält, ist im Recht, wer mit Gewalt verändern will, ist im Unrecht. Es gibt Verhältnisse in unserer Welt, in denen einer „böse" ist, ehe er sich für Gut oder Böse entscheiden konnte. Es gibt Verhältnisse, in denen ein Mensch nicht zum Glauben finden kann, auch wenn er es möchte, und nicht verstehen kann, was die Christen gut und böse nennen.
„Vater unser, der du bist im Himmel, ich möchte, daß du noch einmal kommst, ehe du vergessen hast, wie man den Süden des Rio Grande erreicht...", dichtet Mario Benedetti.
Gebete dieser Art müssen uns vertrauter werden, als sie es sind. Vielleicht werden wir, wenn wir solche fremden, unbehaglichen Gebete sprechen, während wir derer gedenken, die solche Worte finden, eines Tages lernen, die vor Gott zu vertreten, deren Leid aus Europa kam und aus dem christlichen Nordamerika, und lernen, das Notwendige zu tun.

Jörg Zink

Warum eigentlich?

Hast du dich eigentlich schon einmal gefragt, warum eigentlich?
Warum eigentlich es dir so gut geht?

Warum eigentlich du hier geboren bist,
in gesicherten Verhältnissen, mit einem Dach über den Kopf?
Ob es eigentlich selbstverständlich ist, daß du jeden Tag satt wirst?
Ob es eigentlich ganz natürlich ist, daß du Zukunft hast?
Daß du etwas aus deinem Leben machen, etwas erreichen kannst?
Daß du gesund bist? Daß du lesen kannst?
Daß du Rechte hast, Menschenrechte,
ein Recht der freien Meinungsäußerung, ein Recht auf Bildung!
Ob es ein Zufall ist, daß du in der sogenannten „Ersten Welt“ lebst,
in einem der reichsten Länder dieser Erde?
Ob es ein Zufall ist, daß du nicht täglich mit schweren Naturkatastrophen rechnen mußt?
Daß es ein Sozialsystem gibt, Möglichkeiten der Medizin und Technik,
die du nutzen kannst?
Hast du dich das alles eigentlich schon einmal gefragt?
Warum eigentlich?

Antonios Netz bleibt leer

Eine Geschichte

Müde zieht Antonio sein kleines Fischerboot an den Strand einer philippinischen Insel. Wieder ist er vergeblich rausgefahren; denn die zwei kleinen Fische, die ins Netz gingen, sind nicht der Rede wert. So geht das schon seit Monaten.

Pater Lucio steht neben Antonios Boot und schaut nachdenklich auf die magere Beute. Antonio spricht ihn an: „Da siehst du es, Pater, wieder war es ein Tag, der die Mühe nicht lohnte. Noch vor wenigen Jahren war die Rückkehr vom Fang ein Fest. Die Kinder, die Frauen, sie kamen, um die Beute zu betrachten. Wir waren stolz, auch wenn wir stets nur für den Tagesbedarf etwas heimbrachten. Am Abend war es fröhlich im Dorf; denn unser Reis war gewürzt von scharfer Fischsoße. Heute ist ein Tag so traurig wie der andere. Es kommt schon kaum einer an den Strand, weil es nichts zu bestaunen gibt. Meist drückt der trockene Reis unsere Kehlen.“

„Ich weiß, Antonio, wie es bei euch aussieht“, erwidert Pater Lucio. „Deshalb bin ich hier. Wir wollen beraten, ob es einen Ausweg gibt.“ – „Wie wollen wir kleinen Leute etwas ausrichten gegen die Fangschiffe, die einer Stadt gleichen, gegen Fischhändler aus fernen Ländern, die sie uns auf den Hals schicken, gegen ihre Schürfnetze, die die Fischbrut am Boden zerstören, und gegen unsere Behörden, die all das zulassen? Seitdem sie in immer größerer Zahl kommen, fangen sie an einem Tag soviel wie unser Dorf in einem langen Leben. Und sie fangen alles. Ihre Netze geben dem Fisch keine Chance mehr zu entkommen. Sie nehmen ihm die Ruhe des Heranwachsens. Sie sind unfaire Gegner. Sollen wir damit rechnen, daß sie mit uns großzügiger umgehen?"

„Antonio, denk an unsere letzte Versammlung. Der Fischereiexperte hat es uns doch deutlich gesagt. Millionen Menschen brauchen dringend Fisch als Nahrung. Sie können nicht alle selbst hinausfahren, wie ihr es für euren Bedarf über Generationen tatet. Sie sind darauf angewiesen, daß moderne Fangmethoden genutzt werden. Du kennst meine Meinung, und ihr solltet euch zusammentun, ein größeres Boot mit Motor haben, und für andere - für den Markt - mitfischen. Dann könntet ihr vielleicht mithalten, vielleicht sogar Geld erlösen für den Hausbau, für den Bau eines Brunnens, für viele Dinge."

„Ja, ja, ich weiß, Pater. José und Alfonso sprechen seit neuestem auch so. Aber ich zweifle. Was ist das für ein Markt, von dem du da sprichst? Was die großen Schiffe der Japaner und anderer fangen, kommt das auf unsere Märkte? Keine Sardine sehe ich davon. Man sagt, sie machen mit ihrem Fang große Geschäfte mit Leuten in den reichen Ländern. Was bleibt da für uns? Und wie lange werden sie diese Geschäfte machen? Bald wachsen keine Fische mehr nach. Sie geben der Brut keine Chance. Sie lassen nur wenige entkommen. Der Fisch stirbt aus. Hat er nicht seinen Platz erhalten in der bunten Vielfalt des Lebens? Von unseren Vätern haben wir gelernt, daß es unmenschlich ist, daß es dem Menschen nicht zusteht, der Natur mehr Leid anzutun als notwendig ist für den Bedarf seines Lebens. Wir wollen nicht rauben. Wir wollen nur das, was wir unbedingt brauchen, heute und in den Tagen unserer Enkel. Wir wollen keinen Markt irgendwo in der Ferne, den wir nicht kennen. Uns reicht der Markt hier am Strand, wenn der Fang gut ist, und die Frauen kommen und suchen Fische aus. Wie sie dann unseren Erfolg loben! Wie sie untereinander wetteifern um die prächtigsten Fische. Das ist unser Markt."

„Hör auf, Antonio. In vielem hast du zwar recht. Ich weiß es. Aber wir werden die Entwicklung nicht aufhalten, die Zeit nicht zurückdrehen. Was werdet ihr tun, wenn ihr keinen Fisch mehr heimbringt, nicht an den Tagen einer Woche oder einiger Monate, sondern in vielen, vielen Jahren? Ihr müßt euch anpassen. Ihr müßt neue Wege suchen, um zu leben. Oder wollt ihr sterben?"

„Ich sehe, Pater, wo du uns hinbringst. Immer stellt man uns vor die Frage, leben oder sterben. Vergiß nicht: Wenn wir sterben, dann sterben wir mit den Fischen, deren Silberglanz so wunderbar ist. Und warum fragst du nicht jene, die so brutal und gründlich bis auf das letzte Jungtier diese Fische sterben lassen, was sie danach wollen? Müssen sie nicht auch überlegen, woher sie den Fisch für das Mahl ihrer Enkel nehmen werden? Ohne Änderung, ohne Erbarmen mit der Natur, wo führt ihr Weg da hin? Doch auch zum Sterben!

Wie die Fische und wir ihre Opfer sind, so werden sie Opfer ihres eigenen Tuns sein mit ihren so vollkommenen Maschinen, Schiffen und Märkten. Warum verlangst du von uns Änderungen und nicht von ihnen?"

Manfred Sollich

Verteilung der Güter

Eine Übung

Ein großes Brot wird in neun Stücke aufgeteilt. Um einen Tisch sitzen neun Personen. Der Leiter nimmt die Stücke und verteilt sie, so, wie es gerecht wäre. Alle sind einverstanden und zufrieden. Diese Aufteilung entspricht aber nicht der Realität.
In einem weiteren Schritt verdeutlicht der Leiter die Wirklichkeit dieser Welt, indem er neu verteilt:
3 Personen erhalten zusammen 7 1/4 Stücke,
4 Personen erhalten zusammen 1 1/2 Stücke, und
2 Personen erhalten den Rest.
In einem Gespräch wird die Erfahrung ausgewertet und über die Verteilung der Güter geredet. Die folgenden Daten und Fakten können vielleicht hilfreich dabei sein:

Einige Daten und Fakten:
- 800 Millionen Menschen, davon 200 Millionen Kinder, leiden an Hungerkrankheiten.
- Eine Million Kinder in der „Dritten Welt" werden nicht älter als 5 Jahre.
- Die Industrieländer verbrauchen vier Fünftel der Reichtümer der Erde.
- Drei Viertel der Weltbevölkerung leben in Armut.

Lebenswelten

Unsere Welt - aufgeteilt in drei Welten: die erste, die zweite und die dritte Welt.
Wer hat das getan?
Gibt es eine Verteilungsvorgabe?
Wir leben in der ersten Welt.
Warum?
Wir richten uns einfach ein und überlassen anderen die zweite und die dritte.

Warum?
Unsere Welt ist gespalten
in Rassen,
in Begüterte und Arme,
in Bevorzugte und Benachteiligte,
in erste, zweite und dritte Klassen.
Wer hat sie gespalten?
Wo ist diese Aufteilung festgelegt?
Wer schreibt vor, daß eine Rasse hochsteht und die andere darum tiefer stehen muß?
Völker nehmen sich das Recht, über andere Völker zu herrschen und sie zu demütigen.
Warum?

Die Schöpfungsgeschichte erzählt uns von einer anderen Welt.
Sie kennt keine Weltenteilung.
Sie kennt weder Klassen noch Rassen, noch die Welten 1 bis 3.
Sie berichtet von einer einzigen Welt und von einer einzigen Menschheitsfamilie.
Eine Welt für eine Menschheit.
Allen Menschen gehört diese eine Welt.
Auf Gott können wir uns nicht berufen,
wenn wir die Menschen einteilen in verschiedene Welten.

Sie leben auf der Müllhalde

Sie leben auf der Müllhalde, in Hütten,
auf der Straße, unter den Brücken.
Sie sind heimatlos, immer auf der Flucht,
rechtlos und besitzlos.
Sie sammeln und suchen nach Nahrung, Kleidung, Wellblech.
Sie leben vom Abfall der Reichen.
Sie bieten ihre Arbeit und sich selbst an, um den Tag zu überleben.
Sie leben in Südamerika, Afrika, Indien und Asien.
Sie leben in den Slums von Rio, São Paulo, Recife.
Sie bauen ihre Hütten in Kairo und Kalkutta.
Sie sind die Opfer der Ungerechtigkeit.
Sie sind gezeichnet von Folter, Flucht, Vertreibung,
Hunger, Krankheit und Elend.
Sie sind gefangen im Teufelskreis der Armut.

Sie leben in Armut und Hoffnungslosigkeit dem Tod entgegen.
Sie sind Abbild unseres Egoismus und der Gewalt.
Nur wir können die Sackgasse durchbrechen und ihr Leben verändern.
Herr, erbarme dich.

Zum Nachdenken

- 1. Anregung: *In die Mitte wird eine aufgemalte Erdkugel oder ein Globus gestellt. Zu ruhiger Musik oder in Stille werden auf diese Darstellung aktuelle Bilder und Überschriften aus Zeitungen gelegt, die die gegenwärtige Welt, ihre Krisen und Problemfelder verdeutlichen. Material und Bilder finden sich auch in den jährlich erscheinenden Unterlagen zum Beispiel der Adveniat- oder Misereoraktionen. Abschließend werden einige Fragen genannt, die zum Nachdenken anregen sollen. Zum Beispiel:*

- Rufen wir nicht täglich nach Frieden und gerechten Verhältnissen?
- Warum hat sich die Welt noch nicht verändert, obwohl seit 2000 Jahren Christen auf ihr leben?
- Warum gelingt es nicht, eine Welt ohne Krieg, mit gerechten Lebensverhältnissen für alle zu schaffen?
- Warten wir nicht schon lange auf einen Befreier, der unser Leben und unsere Lebensverhältnisse verändert?
- Malen wir uns nicht oft in Gedanken ein Bild von der Freiheit, in der wir

leben und atmen können, von einer Welt, in der das Reich Gottes Wirklichkeit geworden ist?

- 2. Anregung, *um die Überlegung fortzuführen, oder auch als weitere Zugangsmöglichkeit:*
  In der Mitte liegen Gegenstände, die den Frieden symbolisieren (z.B. Taube, Zweig, Brot, Rose, Brücke, Blumen oder auch Begriffe, die zum Frieden gehören).
  Die TeilnehmerInnen legen diese Symbole auf einer Weltkarte auf die Krisen- und Kriegsgebiete und geben damit ihrer Hoffnung auf Frieden Ausdruck.
  Möglich ist auch, aus einer Bildkartei Bilder herauszusuchen, auf denen unser privates Leben (Familie, Freizeit, Hobbys, Beruf, Kirche ...) dargestellt ist. Die Symbole werden dann auf die Bilder und Bereiche gelegt, in denen wir uns Frieden besonders wünschen.

- 3. Anregung: *Das Wort Frieden durchbuchstabieren, das heißt für jeden Buchstaben ein Wort oder einen Begriff nennen, der zum Frieden unter den Menschen und Völkern gehört (z.B. F wie Freude, Freundlichkeit ...; R wie Ruhe, Rat, Rettung usw.). Sicher wird deutlich, wie schwer es ist, den Frieden zu buchstabieren.*
  Etwas einfacher kann es sein, gemeinsam Begriffe zu suchen, die zum Frieden gehören (z.B. Heimat, Geborgenheit, Hände ...).
  Die gefundenen Begriffe werden auf Karten geschrieben und zu einem Friedenshaus zusammengefügt. Beim Bau des Friedenshauses müssen die Worte so verwandt werden, daß zentrale Begriffe des Friedens, die zu den tragenden Elementen gehören, entsprechend in die Fundamente eingetragen werden.

Eine Art Fürbitten

Jesus, du verabscheust die unmenschliche Macht der Unterdrücker und liebst die Verhältnisse und Wege, die sich am Leben der Menschen orientieren.
Jesus, du hast dich für die Freiheit eingesetzt, die den Menschen in den Mittelpunkt stellt.
Jesus, dein Lebensweg schloß alle Völker und Nationen mit ein. Allen Menschen warst du nahe.
Jesus, dein Leben war geprägt von Menschlichkeit, Offenheit, Toleranz und Selbstbestimmung.
Erbarme dich unser.

Selig

Selig sind, die der Ungerechtigkeit entgegentreten, unter der viele Menschen leiden,
denn sie säen Gerechtigkeit.
Selig sind, die nicht im Wohlstand und Reichtum leben,
denn sie gestalten die menschliche Zukunft.
Selig sind, die mit ihrem Einkommen den Armen ein hoffnungsvolles Leben ermöglichen und solidarisch handeln,
denn sie werden von ihnen reich beschenkt werden.
Selig sind die, die nicht nur die Welt bekehren wollen, sondern auch sich selbst,
denn sie werden Auferstehung erfahren.

Herr, laß mich Pfahl sein

Ein Gebet

- Anregung: *Die TeilnehmerInnen erhalten eine Kerze, zünden sie an und bilden eine Lichterkette zum Zeichen des Friedens.*

Herr, laß mich Pfahl sein,
für die Schwachen, die nach einer Stütze suchen,
für die Schwankenden, die Halt brauchen,
für die Unterdrückten, die Freiheit erhoffen,
für die Verzweifelten, die neue Schritte wagen wollen.

Herr, laß mich Quelle sein,
für die Gefangenen, die nach Freiheit dürsten,
für die Ängstlichen, die Trost suchen,
für die Leidenden, die Heilung brauchen,
für die Verstrickten, die der Veränderung bedürfen,
für die Ruhelosen, die sich nach Geborgenheit sehnen.

Herr, laß mich Bote des Friedens sein,
denn Frieden wächst und verbreitet sich durch mich und durch andere.
Mache mich zu einem Boten, der Frieden stiften kann,
zu einem Boten, der Liebe aufleuchten läßt,
zu einem Boten, der für Gerechtigkeit eintritt,
zu einem Boten, der dein Evangelium verkündet.

Herr, das möchte ich sein:
ein Pfahl, eine Quelle, dein Bote.

9. Jesus Christus – Gott

Jesus Christus

- Anregung: *Zur Einstimmung oder im Anschluß an die Lebensgeschichte gemeinsam oder in Einzelarbeit auf einem Plakat oder Blatt einmal sammeln und zusammentragen:*
  1. *Was weiß ich über Jesus von Nazaret? (Personen, Orte, Geschichten, beschreibende Adjektive, Tätigkeiten usw.)*
  2. *Was beeindruckt mich am meisten an ihm?*

Das Plakat/Blatt könnte folgendermaßen gestaltet sein:
Die Antworten auf die erste Frage können um den Umriß herum aufgeschrieben werden, die Antwort(en) auf die zweite Frage dagegen wird/werden im Umriß notiert.

Eine Lebensgeschichte

- Anregung: *Die Lebensgeschichte Jesu, unterbrochen durch meditative Instrumentalmusik, zum Inhalt eines Wortgottesdienstes, z.B. einer Frühschicht, einer Andacht, einer Betstunde, machen.*

Von Jesus zu sprechen ist nicht leicht. Viele haben über ihn gesprochen und sprechen über ihn, aber ob sie ihn wirklich verstanden haben, ist nicht gesagt. Fast zweitausend Jahre sind vergangen, seit er auf der Erde lebte, ihn zu verstehen wird immer schwieriger.
Seine Geschichte begann mit einem Mädchen, das erschrak über eine Schwangerschaft, die ihr ein Engel verkündete. In Nazaret, der Heimatstadt des

Mädchens Maria, war ihre Zukunft in den Augen der Mitmenschen damit zu Ende. Josef, ihr Verlobter, hatte das Recht, sie zu verstoßen, jeder würde ihn verstehen. Ein Engel im Traum veranlaßte ihn, sie dennoch zu sich zu nehmen.

Die Geschichte von seiner Geburt ist jedem Kind vertraut. Auf Erlaß des Kaisers, der neue Steuerlisten und Geld brauchte, zog das Paar in die Herkunftsstadt der Familie. Die Unterkünfte im Ort waren überfüllt, für eine Hochschwangere und ihren Mann war in dem Trubel kein Platz mehr. In einer Notunterkunft schließlich wurde Jesus geboren, und nur wenige Menschen nahmen Anteil daran.

Acht Tage nach seiner Geburt wurde Jesus beschnitten und damit Mitglied der jüdischen Gemeinde, zu der er sein Leben lang gehörte. Vor den Nachstellungen des Königs, der Angst um seine Macht hatte, mußte die Familie für einige Jahre nach Ägypten ins Exil fliehen. Von seiner Kindheit und Jugend ist nichts bekannt. Er wird aufgewachsen sein wie alle Kinder seiner Zeit, behütet und geborgen bei seinen Eltern, lernend und neugierig die Welt erforschend. Er wurde im jüdischen Glauben erzogen und geprägt.

Erst als er dreißig Jahre alt war, begann die Zeit seines Wirkens, erst ab dieser Zeit sind die Geschichten aufgeschrieben und überliefert. Von dem Bußprediger Johannes ließ sich Jesus im Jordan taufen und setzte damit ein Zeichen des Anfangs. Danach zog er sich in die Einsamkeit der Wüste zurück, um sich über seine Zukunft klarzuwerden.

(Eventuell an dieser Stelle unterbrechen und meditative Musik einspielen)

Als Wanderprediger begann er seinen Weg, begleitet von einer bunten Schar von einfachen Männern, die er zu sich gerufen hatte. Für uns heute unvorstellbar müssen seine Ausstrahlung und seine Persönlichkeit gewesen sein, die bodenständige Alltagsmenschen veranlaßte, Heimat, Familie und den Arbeitsplatz zu verlassen, um Jesus zu folgen. Spuren hinterließ er, wo immer er auftrat, mit den Worten und Begegnungen, mit seinen Heilungen und Berührungen; heil und wahrhaft menschlich sollten sie sein, die Menschen. So heilte er nicht nur einzelne Gebrechen, sondern gab den Geheilten zugleich eine neue hoffnungsvolle Zukunft.

Das Unverständnis derer, die Zeugen jener Ereignisse waren, ist gut vorstellbar. So einer ist unheimlich, undurchschaubar, beängstigend. Wie kann ein Mensch so etwas tun? Sein Handeln, seine Worte waren völlig ungewohnt und neu. Für uns als Zeugen eines anderen Jahrhunderts ist es schwierig, sich die Situation vorzustellen, die Wirkung, die Jesus hatte, wenn Menschen wieder aufrecht gehen konnten, selbstbewußt in die Zukunft schauen, gleichberechtigt als Mann und Frau, wichtig und wertvoll als Person über den kleinlichen Gesetzen. Wir kennen die jüdischen Traditionen nicht mehr, gegen die er

verstieß, die Welt und ihre Gewohnheiten, in der Jesus lebte. Neben das Unverständnis und die Fragen traten schnell die ersten Feinde, die sein Tun mit Argusaugen beobachteten und jeden Verstoß gegen Gesetz und Tradition festhielten. Wie konnte er einfach mit dem Abschaum der Gesellschaft umgehen? Wie einfach teilnehmen am Leben der Menschen mit ihren Sorgen und Freuden, mit Tränen und Festen? Gott hatte für sie nichts mit dem Alltag und dem täglichen Leben zu tun, sie hüteten ihn mit Gesetzen und im Tempel. Gott ist ernst und der Glaube festgelegt in Riten und Opfern. Sie ärgerten sich über die wachsende Zahl von Menschen, die ihm nachliefen, begeistert von ihm erzählten, deren Leben wieder eine Perspektive bekam durch ihn. Die Fallen, die sie ihm stellten, durchschaute er, und nicht selten mußten sie klein und beschämt das Feld räumen.
Doch Jesus hatte auch Freunde, die ihn begleiteten, bei denen er einkehrte und zu Hause war: seine Schüler, die mit ihm gingen, Frauen, die seinen Weg begleiteten, auch Menschen aus höheren Gesellschaftsschichten, wie der Pharisäer Nikodemus, der sich nur im Schutz der Nacht zu ihm traute. Täglich größer wurde die Zahl derer, die voll Dankbarkeit auf Jesus, seine Worte und seine Berührung zurückblickten, die ihr Leben so nachhaltig verändert hatten: Arme und Geheilte, Witwen und Außenseiter. Kinder spürten seine Anziehungskraft und antworteten ihm mit ihrem Vertrauen, ihrer Unvoreingenommenheit und ihrer Zuneigung. Eine Dirne zeigte ihre Liebe zu Jesus öffentlich, indem sie seine Füße salbte. Menschen aus anderen Volksgruppen staunten über ihn, sein Verständnis im Umgang mit anderen, seine Worte, die Leben verhießen. Um Jesus herum fühlen sich die Menschen frei, verstanden, stark, selbstbewußt und behütet, geborgen und geliebt. Seine Schüler, die ihn begleiteten, die Augenzeugen, sahen und hörten, was geschah, aber verstanden haben sie vieles nicht. Die Anziehungskraft und Faszination dieses Jesus ließ jedoch nicht nach. Sie gaben ihm den Titel Gottes Sohn, Messias, als höchste Auszeichnung, die sie sich vorstellen konnten. Sie erlebten ihn so widersprüchlich, mal ganz menschlich, mal so unnatürlich göttlich. Seine Rede von Gott war so ungewohnt, so neu, so respektlos, so natürlich, als wäre Gott ganz selbstverständlich und nahe, als wäre der Himmel durchsichtig, gleich nebenan, gleich hier zwischen ihnen.
Die Reaktionen, die Jesus hervorrief, waren ganz unterschiedlich. Allen gemeinsam wird die Frage gewesen sein, wer dieser Mann wohl war? Wie konnte man ihn erklären und verstehen? Er war doch ein Mensch oder nicht? Als Jesus vor dem Passahfest in Jerusalem die Tische der Händler im Tempel umstieß, weil dieser Ort die Wohnung Gottes ist und keine Räuberhöhle, hatten seine Feinde endlich einen Anlaß, den Störenfried aus dem Weg zu räumen.

(Eventuell noch einmal meditative Musik einspielen)

Jesus ahnte, was geschehen würde, oft genug hatte er auch seine Schüler darauf hingewiesen. Doch er ließ die Chance zur Flucht vergehen und wartete in einem Garten vor der Stadt. Judas, einer seiner Schüler, verriet der Tempelwache mit einem Kuß, wer Jesus war, enttäuscht von seinen falschen Erwartungen an seinen Herrn und Meister, verbittert und desillusioniert. Die Gerichtsverhandlung vor dem römischen Statthalter Pilatus endete mit der Verurteilung, weil Pilatus der aufgewiegelten Macht des Pöbels und seiner Anführer nicht widerstehen konnte. Sein Versuch, Jesus durch Austausch mit einem verurteilten Schwerverbrecher zu retten, scheiterte. Er gab den Befehl, ihn zu foltern und zu töten; die Anklage lautete auf Aufruhr. Wie vom Erdboden verschluckt waren die Freunde, verkrochen und versteckt, ängstlich wartend auf die Dinge, die da kommen mußten. Wie vom Erdboden verschluckt war auch die Begeisterung der Menschen für Jesus, es überwog plötzlich die Enttäuschung darüber, daß die politische Unabhängigkeit nicht das gewesen war, wofür Jesus sich eingesetzt hatte.

Die Vollstreckung des Urteils erfolgte sofort. Die Hände und Füße Jesu wurden auf Holzbalken genagelt, sorgsam wurde dabei die Verletzung der Schlagadern vermieden. Ein langsamer, grausamer Tod sollte es werden. Zwei Verbrecher hingen an den Kreuzen neben ihm. Sechs Stunden dauerte das langsame, qualvolle Sterben Jesu, bevor der Tod ihn erlöste. Die Schuld am Tod Jesu kann weder den Juden noch den Römern gegeben werden. Schuld an seinem Tod waren Egoismus, Macht, Neid und Haß, die Unmenschlichkeit von Menschen.

Erst nach seinem Tod trauten sich die Freunde wieder hervor. Viel konnten sie nicht mehr tun, aber sie trugen Sorge für seine Bestattung in einem Felsengrab. Soldaten wurden zur Bewachung des Grabes abgestellt, wer weiß, was den Anhängern dieses Jesus so einfallen würde.

Drei Tage später zerstörten Hoffnungsfunken die aussichtslose, trostlose und endgültige Schwärze des Todes. Frauen waren die ersten, die berichteten, daß das Grab Jesu leer, daß er selbst auferstanden und lebendig wäre. Wie ein Lauffeuer verbreitete sich diese Botschaft, nachdem sich die anderen von der Richtigkeit dessen überzeugt hatten, was die Frauen erzählt hatten. Nicht nur sie, sondern auch andere begegneten ihm und erfuhren die Ungeheuerlichkeit am eigenen Leibe. Jesus hatte die Macht des Tod überwunden, die Fesseln all dessen gesprengt, was Menschen quält. Sein ganzes Leben, die Richtigkeit seiner Botschaft wurden damit endgültig bestätigt und bekräftigt. Die Zweifel und Fragen verschwanden.

Den Schülern gab dieses Ereignis Kräfte für ihr ganzes Leben. Sie konnten nicht mehr schweigen über das, was sie mit ihm erlebt hatten, sie mußten leben, was er ihnen vorgemacht hatte. Sie wollten sein Vorbild umsetzen in ihr Leben. So ging die Geschichte vom Leben und Tod Jesu um die Welt in immer größer werdenden Kreisen: von Jerusalem bis ans Ende der Welt, von einem Jahrhundert zum nächsten bis heute, von kleinen Hauskirchen und Gemeinden bis zur großen Weltkirche: die frohe Botschaft von dem Mensch und Gott Jesus Christus.

(Eventuell instrumentale Musik zum Ausklingen einspielen)

Er ist ein Mensch wie wir

Eine Besinnung

Er ist ein Mensch wie wir,
eingeklemmt zwischen Geburt und Tod,
zermürbenden Mächten ausgesetzt,
im Kampf mit denen, welche die Lüge lieben,
umgeben von Menschen, die ihn kaum verstanden,
geschunden, gequält und gekreuzigt:
Jesus von Nazareth.
Er lebte im Zwiespalt,
versucht und verlassen;
er ist zugrunde gegangen
mit der Frage: Warum?
Seine Antwort ermutigt uns zum Leben.
Er hat sein Wort gegeben, das die Angst vertreibt
und das Hoffnung ermöglicht.
Er war, wo Menschen kämpften und litten,
wo Menschen ihre Hoffnung nicht aufgaben,
wo sich Arme, Entrechtete, Unnütze trafen.
Er war mitten unter Fremden und Feinden.
Er litt an der Lüge und an der Falschheit.
Er blieb bei der Wahrheit
und sah in der Liebe den Ausweis des Glaubens.
Er sprach Worte, die seine Freunde nicht vergessen konnten.

Eine Verheißung durchzieht unser Leben:
sein Geist macht uns bereit,
immer neu aufzubrechen
zu anderen Ufern.
Er gibt uns Vertrauen, selbst Unmögliches zu versuchen,
wachsam zu bleiben,

die Wahrheit zu sagen,
ein geknicktes Rohr nicht zu brechen,
einen glimmenden Docht nicht zu löschen,
Getretene aufzurichten,
Geschundene nicht allein zu lassen.

Josef Dirnbeck / Martin Gutl

Der erfahrungsreiche Jesus

Der geborene Jesus.
Der wachsende Jesus.
Der gereifte Jesus.
Der schlafende Jesus.
Der zornige Jesus.
Der übermüdete Jesus.
Der hungrige Jesus.
Der liebesbedürftige Jesus.
Der zitternde Jesus.
Der selbstbewußte Jesus.
Der ironische Jesus.
Der gefeierte Jesus.
Der enttäuschte Jesus.
Der einsame Jesus.
Der fragende Jesus.
Der klagende Jesus.
Der gläubige Jesus.
Der hoffende Jesus.
Der geliebte Jesus.
Der liebende Jesus.
Und zu diesem Menschen
sagte Gott der Vater:
„Du bist mein geliebter Sohn."

Martin Gutl

Warnung

Macht mich nicht zum süßen, kleinen Jesuskind,
denn Kreuz und Auferstehung haben mehr Gewicht als die Krippe.
Macht mich nicht zum alternativen Herumtreiber,
denn ich habe die Botschaft Gottes erfahrbar gemacht, wo immer ich war.
Macht mich nicht zum utopischen Träumer,
denn das Entstehen des Reiches Gottes hat Hand und Fuß.
Macht mich nicht zum Rebell gegen bestehende Ordnungen,
denn ich achte die Gesetze, wenn sie dem Menschen dienen.
Macht mich nicht zum Arzt oder Wundertäter,
denn wichtig war mir, daß der ganze Mensch heil wird.
Macht mich nicht zum Prediger schöner Worte,
denn Wort und Tat gehörten bei mir immer zusammen.
Macht mich nicht zu einem niedlichen Heiligen,

denn mein Leben und mein Tod hatten Sprengkraft.
Macht mich nicht zu einem Vertreter längst vergangener Zeiten,
denn die Wirkung dessen, was ich lebte, hält an.
Macht mich nicht zu einem vorbildlichen Menschen,
denn ich bin Gottes Sohn und Mensch wie ihr.

Ist es denn so schwer?

Was hat er denn schon Besonderes getan, dieser Jesus von Nazaret?
Er hat:
gelacht, geweint, gebetet, geteilt, geglaubt, gehofft, etwas riskiert, geliebt, zugehört, geheilt, Freunde gehabt, gepredigt, überzeugt, verziehen, Ausstrahlung gehabt, eine Familie gehabt, die Einsamkeit gesucht, aufgerichtet, zum Leben erweckt, einen liebenden Gott verkündigt ...
Er ist:
seinen Weg konsequent gegangen, entgegengegangen, geliebt und gehaßt worden, angefragt worden, sich treu geblieben, menschlich ...
Er mußte:
als Kind ins Exil fliehen, seinen Weg finden, sich absetzen, sich auseinandersetzen, Anfrage aushalten, sterben ...
Ist das so etwas Besonderes?
Ist denn das so außergewöhnlich?
Ist denn das so schwer?

Wenn wir Mensch werden, so wie er Mensch war,
dann müßte die Welt Zukunft haben und
das Reich Gottes Wirklichkeit werden.

Sieben Worte, die uns verbinden

Ein Gebet

- Anmerkung: *Die Evangelisten überliefern uns sieben Worte Jesu am Kreuz, die deutlich machen können, was uns mit Jesus verbindet.*

„Mich dürstet!“, sprachst du
und sehntest dich wie wir nach allem, was Leben ausmacht:
Liebe, Frieden, Geborgenheit und Gemeinschaft.

„Siehe, dein Sohn! Siehe, deine Mutter!“, sprachst du

und warst wie wir eingebunden in Beziehungen, die dir wichtig waren,
die Gültigkeit und Wert hatten, deren Fortbestand dir am Herzen lag.

„Heute noch wirst du mit mir im Paradies sein!“, sprachst du
und bestärkst damit unser Vertrauen darauf, daß die Zusage des Lebens in der Geborgenheit und Nähe Gottes über aller Schuld und allem Versagen steht, die wir in unserem Leben auf der Erde auf uns laden können.

„Vater, vergib ihnen, denn sie wissen nicht, was sie tun!“, sprachst du
und erinnerst uns daran, daß Vergebung nie selbstverständlich ist,
sondern ein Geschenk und
daß wahre Ent-schuld-igung nur durch Gott geschieht.

„Mein Gott, mein Gott, warum hast du mich verlassen?“, fragtest du
und kennst wie wir die Frage nach dem Warum,
die Zweifel und die Klage, wenn alles trostlos und aussichtslos scheint.

„Vater, in deine Hände lege ich meinen Geist!“, sprachst du
und bestärkst unseren Glauben daran, daß es nicht viel gibt, was trägt,
daß wir aber durch Gott getragen werden, was auch geschieht.

„Es ist vollbracht!“, sprachst du
und machst uns damit deutlich, daß es sich lohnt durchzuhalten,
daß unsere Hoffnung einen Sinn hat
und daß jede Nacht, jede Aussichtslosigkeit, jede Dunkelheit und jede Not ein Ende haben wird und
in ihrer Mitte der Beginn eines neuen Tages liegt.

Jesus heute

Konkretionen

- Anregung: *Zu dem folgenden Text ein Plakat oder ein Arbeitsblatt erstellen und in der Gruppe oder in Einzelarbeit überlegen:*
  Was heißt das für mich konkret? Was erwartet Jesus Christus von mir, wenn ich mich sein Zeuge und Christ nenne?
  Oder: Wenn Christus heute leben würde... Was würde er tun? Wem würde er begegnen, welche Einstellungen würde er vertreten?

Jesus lebt heute nicht mehr unter uns.
Aber er hat uns:
unsere Hände, unsere Füße,
unsere Lippen, unser Leben.
Jesus lebt heute nicht mehr unter uns.

Aber er hat uns:
unsere Phantasie, unseren Geist,
unsere Kraft, unsere Liebe,
um Gott spürbar und erfahrbar zu machen auf unserer Welt.

Ein-übung

- Anregung: *In Partnerübung einmal Handlungen Jesu nachempfinden und versuchen, sich in die Situation Jesu und die der Menschen, die viel von ihm erwarteten und neue Lebensperspektiven bekamen, hineinzuversetzen: zum Beispiel jemanden aufrichten, eine Verkrümmung lösen, Blindheit heilen, Fesseln (von Krankheit ...) lösen ... Ein Blick in die Evangelien oder Bilder und Darstellungen - wie das neben abgebildete - können Anregungen dazu geben.*
  Das Gespür, wie gut es tut, z.B. aufgerichtet zu werden, kann eine Einladung sein, die Handlungen und Haltungen Jesu mehr in das eigene Leben aufzunehmen und immer wieder neu einzuüben.

Gott suchen

Der Mensch fragt, Gott fragt

„Wo bist du, o Gott?
Jenseits der Geplagten?
Unter uns?
Über uns?
Wo bist du, o Gott?
Warum verbirgst du dich?“

„Wo bist du, o Mensch?
In dir?
Außer dir?
Unter den Menschen?
Wo bist du, o Mensch?
Warum verleugnest du dich selbst?
Ich sehe Masken, Apparate.
Worin versteckst du dich?"

„Was denkst du über mich, o Gott?"
„Was denkst du über mich, o Mensch?"

Martin Gutl

Wenn du mit Gott reden willst

Wenn du mit Gott reden willst,
dann mach dich klein,
denn du hast vieles nicht selbst in der Hand.
Du bist abhängig, verflochten, eingebunden in diese Welt.
Wenn du mit Gott reden willst,
dann schau dich um,
denn dein Lebensraum ist Geschenk.
Die Schöpfung schafft die Bedingungen für dein Leben.
Wenn du mit Gott reden willst,
dann geh mit offenen Augen durch die Welt,
denn Gott ist nicht oben, und
die Themen für dein Gespräch mit ihm findest du neben dir.
Wenn du mit Gott reden willst,
dann such dir dafür einen Ort,
denn es ist nötig, daß du Ruhe findest und zu dir selbst kommst,
wenn du dein Leben und dich vor ihm zur Sprache bringen willst.
Wenn du mit Gott reden willst,
dann sage DU,
denn Gott ist der Ich-bin-da, er ist dir Vater und Mutter,
und du findest ihn in den Gesichtern der Menschen.
Wenn du mit Gott reden willst,
dann sage WARUM,
denn in ihm findest du Sinn und die Antwort deiner Fragen,
er hört deine Schreie und Klagen und hält dich fest.
Wenn du mit Gott reden willst,
dann sage JA,

ja zu dem Leben, das dir geschenkt ist, deinen Fehlern und Schwächen,
deinen Stärken und Fähigkeiten, sage ja, weil auch er ja zu dir sagt.
Wenn du mit Gott reden willst,
dann sage NEIN,
nein zu allem, was diese Welt unmenschlich macht und was dem Willen Gottes widerspricht. Dein Nein werde sichtbar in der Art und Weise, wie du lebst und dich auflehnst gegen alles, was das Reich Gottes lähmt.
Wenn du mit Gott reden willst,
dann findest du den Grund,
der dir Halt gibt, Sicherheit und Geborgenheit und
ein Vertrauen, das so leicht nicht zu erschüttern ist.

In der Geborgenheit Gottes leben
Meditation nach Psalm 91

Wer in der Geborgenheit Gottes lebt und sein Leben mit ihm gestaltet,
der spricht zum Herrn:
Mein bleibender Grund und mein Halt, mein Gott, dem ich vertraue.

Denn er verläßt dich nicht in Intrigen und sinnloser Krankheit.
Seine Wahrheit ermutigt und festigt, daß du nicht erschrecken mußt
in den Angstträumen der Nacht, vor all dem Grauen des Tages,
vor lähmender Sinnlosigkeit, vor Krankheit, vor Unfall und Krieg.
Wenn Menschen neben dir fallen und in Verzweiflung versinken,
so wird es dich zutiefst treffen, doch nicht lähmend herabziehen.

Du wirst Freude und Erfüllung darin finden, die Gebundenen zu lösen,
die Gefallenen im Namen Gottes aufzurichten:
Denn der Herr gibt dir Richtung, der Höchste setzt dir ein Ziel.
Nichts wird dich von ihm trennen.
Schwierigkeiten werden dir nicht erspart bleiben.

Du wirst dich siegreich auseinandersetzen
mit der Last der Vergangenheit,
mit den menschlichen Aufgaben der Zeit,
mit den technischen Möglichkeiten und Gefahren;
denn Gott wird dir helfen, wenn du dich nach ihm ausrichtest...

Wenn du ihn rufst, wird er dir antworten
und bei dir sein in deiner Not.
Er wird dir innere Ruhe geben in deinem Leben
und dich heilen mit seiner Gegenwart.

Manfred Frigger

II. Teil
Symbole und Bilder

1. Weg

Wege, die wir gehen

Eine Betrachtung

- Anregung: *Die verschiedenen Abschnitte mit Dias oder Bildern verdeutlichen oder gemeinsam einen Weg gehen (z.B. eine Wallfahrt oder einen Pilgerweg) und bestimmte markante Punkte mit Hilfe des Textes deuten. Der folgende Text ist gut geeignet, einen Rückblick oder eine Auswertung in einer Gruppe einzuleiten (z.B. mit Eltern in der Sakramentenvorbereitung, mit dem Pfarrgemeinderat) oder im Rahmen eines (Wort-)Gottesdienstes die bisherige Arbeit rückblickend anzuschauen und auszuwerten.*
- Biblische Bezüge: *Ps 138,3; Joh 14,6*

Der Weg ist ein Bild für unser Leben. Oft wird das Leben mit einem Weg verglichen. „Da gerät einer auf Abwege", sagt man, oder man spricht von Irrwegen und Umwegen.
Unser Lebensweg zwischen Sackgassen und Schnellstraßen.

1. (Bild einer Gruppe von Menschen, die auf einem Weg unterwegs ist)
Wir gehen zusammen *(als Gruppe/Gremium/Gemeinde)* einen Weg. Er begann mit einem Aufbruch. Wir trafen uns und machten uns dann mit Weggefährten auf den Weg. Unterschiedliche Gedanken und Empfindungen werden am Beginn gestanden und uns bewegt haben: Ob das wohl der richtige Weg ist? Ob der Weg nicht vielleicht viel zu lang, umständlich und beschwerlich ist? Ob es nicht anders besser wäre? Ob wohl alles gut geht unterwegs? Vielleicht auch der Gedanke: „Gut, daß ich nicht alleine dastehe, sondern mit anderen zusammen gehen, arbeiten und leben kann!" Oder: „Ich freue mich auf den Weg!"

2. (Bild von einem Weg, der in den Horizont führt)
Mit den unterschiedlichen Gedanken und Bedenken begann der Weg in eine unbestimmte Ferne. Wie alles werden wird? Es gab erste Stationen, erste Aktionen wurden zusammen durchgeführt (*evtl. Beispiele einfügen*). Der Weg nahm langsam Konturen an.

3. (Bild von Spuren im Sand oder Acker)
Heute haben wir schon eine große Wegstrecke hinter uns gebracht, und vielleicht ist es an der Zeit, zurückzublicken auf das, was hinter uns liegt; welche Spuren wir auf dem Weg hinterlassen haben und wie der Weg uns geprägt hat; eine Zwischenstation einzulegen, um uns zu orientieren. Stationen sind wichtig, um innezuhalten, zu fragen, wie es uns mit unserem Weg ergangen ist, wo die einzelnen stehen, zu klären, ob noch alle dabei sind oder schon jemand abgehängt wurde, zu überlegen, wie die Zurückgebliebenen wieder einbezogen werden können, vielleicht durch einen leichteren Seitenweg; zu fragen, was wir von dem vor uns liegenden Wegstück erwarten, erhoffen, wünschen. Schauen wir also zurück auf die Spuren, die hinter uns liegen.

4. (Bild von einer Kreuzung)
Da gab es sicher manche Kreuzung, das heißt, Entscheidungen mußten getroffen werden, und die Frage, wo und wie es weitergeht, hat uns bewegt. War da jemand, der die Richtung wußte, oder die gemeinsame Überlegung, wo es weitergeht, oder die Hilflosigkeit mit dem Gefühl, alleingelassen zu sein und niemand zu haben, der sagt, wo es langgeht?

5. (Bild eines beschwerlichen, steinigen Weges)
Manchmal war der Weg beschwerlich. So ein Weg erfordert auch Einsatz und Kondition. Man kann ins Schwitzen kommen und außer Puste geraten, weil viel zusammenkommt, was überlegt oder koordiniert werden muß. Vielleicht entsteht auf so einem Wegstück das Gefühl, keine Lust mehr zu haben, weil der Weg schon so lange dauert oder weil es kein rechtes Fortkommen zu geben scheint, oder die Kraft läßt nach, weil zu viele Hürden, Steine und Unebenheiten beseitigt oder bewältigt werden mußten.

6. (Bild von einem Baum am Weg, einem Bach oder einer Bank)
Vielleicht liegen hinter uns auch schöne Erinnerungen an Erlebnisse, Begegnungen und Menschen an unserem Weg, an gelungene Aktionen, lebendige Erfahrungen, ehrliche Gespräche, an gegenseitiges Nehmen und Geben, an Voneinander-Lernen, Zusammengehörigkeitsgefühl, Überraschungen, entdeckte Kompetenzen, an Freude und Spaß.

7. (Bild von einem Wegkreuz)
Ein Kreuz am Weg, auch das ist eine mögliche Erfahrung an unserem Weg. Entweder als Zeichen für das Mühsame, Schwierige, Traurige, Leidvolle, das der Weg uns erleben läßt. Oder auch als das Gefühl oder die Ahnung, daß manchmal Gott uns ganz nahe zu sein schien, wenn etwas so bedeutend, so nachhaltig, so bewegend, so unvergeßlich war. (Jesus hat von sich gesagt: Ich bin der Weg, und sicher ist auch er auf dem Weg erfahrbar.)

8. (Bild eines Weges, z.B. durch eine Allee)
Ein Weg, den wir gemeinsam gehen. Mit all den positiven und negativen Erfahrungen, die man unterwegs machen kann. Eine Wegstrecke liegt hinter uns, eine weitere vor uns. Vielleicht ist eine Neu- oder Umorientierung notwendig, damit der Weg vor uns ein guter Weg für alle wird?
Es liegt in unserer Hand, in unserer Verantwortung, unter unseren Füßen.
Ein Weg bietet Chancen, etwas neu zu erfahren, auszuprobieren, einzuüben, zu erleben, zu lernen.
Ein Weg fordert uns auch, unseren Einsatz, unsere Zeit, unsere Kraft, unsere Verantwortung.
Ein Weg hat ein Ziel, aber ein Weg ist auch ein Ziel.
Der Weg ist wichtig, die Menschen, die ihn miteinander gehen, die Erfahrungen und Chancen, das Miteinander und Füreinander.
Wir sind miteinander auf dem Weg.

Der Weg vor mir

Eine Meditation

Ein Weg liegt vor mir.
Ich will ihn gehen.
Ich will den Grund spüren, der mich trägt:
den Asphalt, die Steine, die Erde.
Ich will die Umgebung sehen, durch die er mich führt:
die Wälder, die Hügel, die Orte.
Ich will die Welt wahrnehmen, die er meinem Ohr erschließt:
die Blätter im Wind, die Vögel, die Gespräche unterwegs.
Ich will die Bewegung, in die er mich bringt.
Ich will offen sein für das, was mir begegnet.
Ich will die Chancen nutzen.
Ein Weg liegt vor mir.
Ich will ihn gehen.

Mein Lebensweg

Eine Besinnung

- Anregung: *Während des Vorlesens können Fotos, Briefe, Gegenstände... gezeigt werden oder auf dem Tisch liegen, die meinen Weg geprägt haben. Den Abschluß könnte eine Auferstehungs- oder Emmausszene bilden.*

Ich schaue auf meinen Weg: holprig, steinig, staubig, gezeichnet von Spuren aller Art.
Der Weg, den ich gegangen bin, und seine Umgebung, die mich geprägt hat, erzeugen in mir oft eine traurige, mutlose, verzweifelte Stimmung. Ich wünsche mir dann in meiner Ratlosigkeit und Niedergeschlagenheit, getrieben von einer inneren Unruhe, mich am Wegesrand auf einen Stein zu setzen und ausruhen zu können.
Viele Gedanken schwirren mir in der Atempause durch den Kopf: Erinnerungen an vergangene, schöne Zeiten werden in mir wach, liebe Personen und Freunde, mit denen ich meine Zeit geteilt habe, mit denen mich wunderschöne Erlebnisse und Erfahrungen verbinden, tauchen in meinem Kopf auf.
Ich will die Bilder und Gespräche in mir festhalten. Sie sind so wohltuend.
Mir fallen die Jünger ein, die am Ostermorgen ratlos und verzweifelt nach Emmaus gingen. Sie befanden sich auf einem Weg, der ohne Perspektive, ziellos, dunkel und ohne Hoffnung war.
Ich denke an die Frauen, die zum Grabe Jesu gingen. Erging es ihnen nicht genauso wie mir?
Sie gingen den Weg nach, um Spuren zu sichern, die an Jesus erinnerten. Sie griffen nach ein paar Erinnerungen, die ihnen Trost geben sollten.
Ich kenne das Ende der beiden biblischen Geschichten. Eine glückliche Wende tritt ein. Der Weg verläuft in eine neue hoffnungsvolle, zukunftbringende Richtung.
Sehe ich auch Licht in der Dunkelheit? Finde ich Spuren und Zeichen auf meinem Lebensweg, die mir helfen, weiterzugehen und nicht stehenzubleiben?

Lebensträume – Lebenswege

Der Traum eines Säuglings in seiner kleinen Welt:
von Wärme und Sicherheit,
von Geborgenheit und Nahrung,
von der Liebe seiner Familie.
Der Traum eines Säuglings in seiner kleinen Welt:
zwischen Wachen und Schlafen,
begleitet von den großen Träumen und Plänen seiner Eltern.

Der Traum eines Kindes in seiner größer werdenden Welt:
von Entdeckungen und Spielen,
von Stolz auf Gelerntes und Eigenes,
von der Entdeckung des Ich.
Der Taum eines Kindes in seiner größer werdenden Welt:

zwischen eigenem Willen und Vertrauen,
begleitet von den ersten Grenzen und Einschränkungen.

Der Traum eines Schulkindes in seiner Vormittagswelt:
von guten Zensuren und Ferien,
von dem Wunsch dazuzugehören,
von Freunden und netten Lehrern.
Der Traum eines Schulkindes in seiner Vormittagswelt:
zwischen Wissen und Erfahrung,
begleitet von den Zwängen von Leistung und Können.

Der Traum eines Jugendlichen in seiner Freizeitwelt:
von Disco und selbstverdientem Geld,
von der ersten Liebe und dem Wunsch, geliebt zu werden,
von gutem Aussehen und Fun.
Der Traum eines Jugendlichen in seiner Freizeitwelt:
zwischen Suchen und Wollen,
begleitet von den Diktaten der Mode und der Szene.

Der Traum eines jungen Erwachsenen in seiner Karrierewelt:
von Geldverdienen und Aufstieg,
von fester Bindung und vom Familie-Gründen,
vom Wurzeln-Schlagen und Heimat-Finden.
Der Traum eines jungen Erwachsenen in seiner Karrierewelt:
zwischen Flexibel-Bleiben und Wurzeln-Schlagen,
begleitet von der Suche nach Sinn.

Der Traum eines Erwachsenen in seiner Alltagswelt:
von Erreichtem und unerfüllbaren Plänen,
von der Sorge um das Gelingen der Kinder,
von Urlaub und der Gehaltserhöhung.
Der Traum eines Erwachsenen in seiner Alltagswelt:
zwischen Zufriedenheit und der Ahnung, daß da noch anderes sein muß,
begleitet vom Wissen um falsche und richtige Entscheidungen.

Der Traum eines alten Menschen in seiner kleiner werdenden Welt:
von Gesundheit und Zeit für Hobbys,
von der Jugend und der Vergangenheit,
von Gesellschaft und Dazugehören.
Der Traum eines alten Menschen in seiner kleiner werdenden Welt:
zwischen Angst und Gelassenheit,
begleitet von den Einschränkungen des Alters.

Der Lebens-Traum von Menschen,
so vielfältig wie ihr Leben,
begleitet vom Wissen, daß nicht alle Möglichkeiten offenbleiben,
begleitet vom Wissen, daß immer mehr Türen zufallen,
je älter ich werde,
je mehr Entscheidungen ich fälle.
Der Lebens-Traum von Menschen,
hoffentlich
getragen von dem Vertrauen darauf, daß die Wege, die ich gehe, begleitet sind,
getragen von dem Vertrauen darauf, daß alles mündet
in Gott.

Gott meiner Wege

Gott meiner Wege,
du kennst die Wege, die hinter mir liegen, und
die, die noch vor mir sind.
Du weißt um die Erfahrungen, die ich gemacht habe,
um die vielen Dinge, die ich auf meinem Weg gelernt habe,
um die vielen schönen Stunden, die guten Erinnerungen und Begegnungen und
um die dunklen, einsamen Stunden, in denen ich nicht wußte, wie es weitergehen kann.
Gott meiner Wege,
ich glaube daran, daß du die Wege meines Lebens mitgehst,
daß ich dir begegnen kann,
deiner Zuneigung, deiner Hilfe, deinem Trost und deiner Liebe
in den Menschen an meinem Weg:
Den Menschen, die mich begleiten, denen ich begegne,
um die ich mich sorge, mit denen ich rede.
Gott meiner Wege,
du kennst auch all die Irrwege und Sackgassen meines Lebens,
die Situationen, in denen ich mich verrannt habe,
die Chancen, die ich nicht nutzen konnte,
die Fehler, die meinen Weg säumen.
Gott meiner Wege,
ich bitte dich um deinen Beistand auf allen Wegen meines Lebens.
Ich bitte dich um Vergebung für das, was nicht gelingt.
Ich bitte dich um Augen und ein Herz, die die Chancen und Möglichkeiten wahrnehmen, die am Weg liegen.

Ich bitte dich um Kraft, meinem Weg eine neue Richtung zu geben, wenn es nötig ist.
Ich bitte dich um Mut und Phantasie, auch einmal ungewohnte Wege zu gehen.
Ich danke dir für meinen Weg, für die Menschen, die ihn mit mir gehen,
die mir Begleiter, Raststätte, Quelle, Stütze und Orientierung sind und waren.
Ich danke dir,
Gott meiner Wege.

Litanei für den Weg

• Anregung: *Die Litanei im Wechsel (VorbeterIn/alle) beten.*

Als Zeugen deiner Liebe — sind wir unterwegs zu dir.
Als Glieder deiner Kirche
Wenn wir das Brot teilen
Wenn wir die Schwachen stützen
Wenn wir für die Verfolger beten
Wenn wir Gottesdienst feiern
Aus den Dörfern und Städten
Aus den Tälern und Bergen
Mit den leidenden Brüdern und Schwestern
Mit lachenden Kindern
Mit unserer Geschichte
Mit unseren Hoffnungen

Mit unseren Träumen
Mit dem, was wir erleben
Mit dem, was wir erfahren
Mit dem, was wir spüren
Mit unseren Ängsten
Mit unseren Freuden
Als Bauleute des Friedens
Als Boten der Gerechtigkeit
Als deine Gemeinde
Als Pilger auf dieser Erde

Als Gott für die Menschen — bist du bei deinem Volk.
Als Gott bei den Menschen
Als ferner und naher Gott

Als starker und zärtlicher Gott
Als spürbarer und unfaßlicher Gott
Als ewiger Gott
Als dreifaltiger Gott
Als Gott im Himmel
Als Gott mitten unter uns
In der Geschichte und in der Zukunft
Am Tag und in der Nacht
Im Leben und im Tod

Mit deiner Treue — bleibe bei uns, Herr.
Mit dem Schatten deiner Flügel
Mit deinen Wundern
Mit dem Sinn deiner Worte
Mit deiner Güte
Auf dem Weg unseres Lebens
Im Tun unserer Gemeinde
Im Leben deiner Kirche
Auf dem Weg, den wir gehen
In unserem Leben.

Österliche Weg-Litanei

Jesus

Du Weggefährte deiner Jünger — A: Geh mit uns.
Du verborgener Weggefährte
Du unerkannter Weggefährte
Du verstehender Weggefährte
Du besorgter Weggefährte
Du ziel-bewußter Weggefährte
Du geduldiger Weggefährte
Du brüderlicher Weggefährte
Du göttlicher Weggefährte

Wenn wir (von) Gott nicht(s) mehr begreifen — A: Geh mit uns.
Wenn wir enttäuscht sind von Gottes Wegen
Wenn unser Glaube (an Gott) erstirbt
Wenn unsere Hoffnung (auf Gott) erlischt
Wenn unsere Liebe (zu Gott) verstummt

Wenn der Zweifel an uns nagt
Wenn die Verzweiflung nach uns greift
Wenn es ausweg-los wird
Wenn es hoffnungs-los wird
Wenn es sinn-los wird
Wenn wir rat-los geworden sind
Wenn unsere Augen nicht mehr weiter-sehen
Wenn unsere Füße nicht mehr weiter-gehen
Wenn unsere Herzen ausgebrannt sind
Wenn wir niedergeschlagen sind
Wenn wir alles aufgeben wollen
Wenn alles zum Davonlaufen ist

Herr

Du hast Raum für unsere Not — A: Höre uns an!
Du hast Zeit für unsere Not
Du hast ein Ohr für unsere Not
Du gehst ein auf unsere Not
Du fragst uns, was uns rat-los macht
Du fragst uns, was uns hilf-los macht
Du fragst uns, was uns traurig macht
Du hörst dir unser Klagen an
Du hörst dir unser Enttäuschtsein an
Du hörst dir unser Verzagtsein an
Du hörst dir unser Am-Ende-Sein an
Du hörst dir unseren Kleinglauben an
Du nimmst uns an mit unsrer Not
Du hältst uns aus mit unsrer Not

Dein Wort erschließt uns Gottes Absicht — A: Sprich zu uns, Herr!
Dein Wort erschließt uns Gottes Geduld
Dein Wort erschließt uns Gottes Torheit
Dein Wort erschließt uns Gottes Leiden
Dein Wort erschließt uns Gottes Geheimnis
Dein Wort erschließt uns Gottes (andere) Art
Dein Wort erschließt uns den Sinn der Schriften
Dein Wort erschließt uns des Vaters Herz
Dein Wort erschließt uns den Weg nach vorn
Dein Wort bringt uns ans Ziel unsres Weges
Dein Wort holt uns ab in unsrer Not
Dein Wort holt uns aus uns selber heraus

Dein Wort führt uns über uns (selber) hinaus
Dein Wort ist wie ein Licht auf dem Weg
Dein Wort rührt unsre Herzen an
Dein Wort läßt uns nicht stehenbleiben
Dein Wort tut uns die Augen auf
Dein Wort erschließt uns Gottes Plan

Du kommst herein ins Haus unsres Lebens — A: Bleibe bei uns!
Du bleibst bei uns, wenn es Abend wird
Du teilst wie ein Bruder alles mit uns
Du teilst mit uns Dach und Haus
Du teilst mit uns Tisch und Brot
Du teilst mit uns Wort und Zeit
Du teilst mit uns Liebe und Leben
In deiner Nähe wird uns warm ums Herz
In deiner Nähe gehn uns die Augen (des Herzens) auf
In deiner Nähe wird unsere Finsternis hell
In deiner Nähe bekommen wir Mut
In deiner Nähe brechen wir auf
In deiner Nähe werden wir (zu) Zeugen
In deiner Nähe wird alles neu

Du Anführer unserer Tage — A: Geh uns voran.
Du Anführer unseres Vertrauens
Du Anführer unseres Glaubens
Du Anführer unserer Hoffnung
Du Anführer unserer Liebe
Du Anführer unserer Jüngerschaft
Du Anführer unserer Zeugenschaft
Du Anführer deiner Gemeinde (Kirche)
Du Anführer von vielen Schwestern und Brüdern
Du Anführer des Lebens

Auf dem Weg durch die Wüste(n) — A: Geh uns voran.
Auf dem Weg in die Freiheit
Auf dem Weg durch die Enge (Ängste)
Auf dem Weg in die Weite
Auf dem Weg durch das Dunkel
Auf dem Weg in das Licht
Auf dem Weg durch das Leiden
Auf dem Weg in die Freude

Auf dem Weg durch das Scheitern
Auf dem Weg in die Herrlichkeit
Auf dem Weg durch unsere vielen Tode
Auf dem Weg in unsere Auferstehung
Auf dem Weg von uns selber weg
Auf dem Weg zu unseren Brüdern
Auf dem Weg zu deinem und unserem Vater

Du Mitgeher auf unseren Wegen
Du Mitgeher auf unseren Abwegen
Du Mitgeher auf unseren Irrwegen
Du Mitgeher auf unseren Umwegen
Du unser einziger Weg zum Ziel

Paul Ringeisen

Die beiden Wege

Eine Transformation zu Psalm 1

Wohl dem Menschen, der Gottes Wege geht.
Gut beraten ist der Mensch, der nicht dem Rat der Oberflächlichen folgt,
der nicht auf Irrwege gerät und
der nicht im Kreis derer sitzt, die schadenfroh und spöttisch sind.
Gut beraten ist er, weil er die Spuren Gottes in seinem Leben
sucht und findet am Tag und in der Nacht.
Er wird fest verwurzelt sein im Leben und
es gestalten können, weil die Voraussetzungen stimmen.
Es wird ihm alles gelingen, und
nichts wird umsonst oder überflüssig gewesen sein.
Nicht so wird es den anderen ergehen,
denn ihre Erfolge werden kurzlebig sein und schnell vergessen.
Sie werden bei einer ehrlichen Überprüfung ihres Lebens nicht bestehen.
So wie auch die keine Gemeinschaft mit anderen haben können,
die sich bewußt für einen Irrweg entscheiden.
Gott kennt die Wege der Menschen und
weiß um die Sackgassen und Abgründe.
Wohl dem Menschen, der Gottes Wege geht.

Die Zuneigung Gottes

Eine Transformation zu Psalm 23

Die Zuneigung Gottes umgibt mich, seine Sorge gilt meinem Leben.
Die Zuneigung Gottes umgibt mich, was kann da noch geschehen?
Er sorgt sich darum, daß ich Ruhe und Heimat finde,
daß ich aufatmen kann und mich erfrischen.
Er kennt meine Sehnsüchte und Wünsche und
begleitet mich auf allen Wegen meines Lebens.
In den Stunden, in denen ich Einsamkeit, Trauer und Angst,
Dunkelheit, Krankheit und Tod erlebe,
ist er neben mir, umgibt mich mit Hoffnung und Zuversicht.
Er gibt mir alles, was ich zum Leben brauche,
es entspringt seiner Sorge um mich.
Die Zuneigung Gottes umgibt mich mein Leben lang,
bis ich das Ziel erreiche, die Heimat in seiner Liebe.

2. Labyrinth

Labyrinth – Zeichen unseres Lebens

Eine Einführung

- Anregung: *Nach einer erklärenden Einführung sollen die TeilnehmerInnen durch ein Labyrinth gehen, das nach einem Muster (siehe z.B. Vorlage: das Labyrinth aus Chartres) auf einem Platz aufgezeichnet ist. „Leib-haftig" sollen sie meditierend ihren Lebens- und Glaubensweg nachgehen.*
  Es kann auch ein Zettel ausgeteilt werden, auf dem ein Labyrinth zu sehen ist. Vielleicht ist es möglich, daß der/die einzelne seine „Mitte-" und „Rand-Erfahrungen" stichwortartig auf dem Zettel festhält.
  Zu dieser Übung kann eine meditative Musik abgespielt werden.

Das Labyrinth ist ein altes christliches Symbol für den menschlichen Lebensweg mit Gott. Das Labyrinth ist kein Irrgarten. In einem Irrgarten gibt es Sackgassen, die den Menschen auf seinem Weg zum Umkehren zwingen. Er muß zurück und einen neuen Weg suchen. Es ist ein Hin und Her, ein Vor und Zurück. Der Irrgarten führt schnell zur Resignation und zur Verzweiflung, weil das Ziel nur mühsam erreicht wird.
Anders ist es bei einem Labyrinth. Hier gibt es keine Sackgassen. Das Labyrinth hat einen Anfang und ein Ziel. Das Ziel liegt im Mittelpunkt des Labyrinths. Der Weg verläuft nicht linear, sondern über Windungen und Kurven, aber er führt zum Ziel.
Begibt sich der Mensch in ein Labyrinth, dann weiß er, daß er ankommt über einen Weg, der ihn durch Hindernisse und Schwierigkeiten führt. In einem Moment kommt er ziemlich nah an die Mitte, an das Ziel heran, aber im nächsten Augenblick verläuft der Weg weit von der Mitte entfernt, am Rande des Labyrinths. Der Mensch hat die Gewißheit, daß er nicht aus dem

Labyrinth herausfällt, sondern daß er auf dem Weg und so mit der Mitte verbunden bleibt.
Das Labyrinth ist ein Symbol für den menschlichen Lebensweg, der ebenfalls nicht linear, sondern sehr kurvenreich verläuft. Mit seiner Geburt tritt der Mensch in das Labyrinth ein, geht weiter und macht Schritt für Schritt. Er geht seinen Lebenszielen entgegen. Unterwegs kann viel geschehen. Erfahrungen und Ereignisse prägen ihn. Sie können ihn von seinen Zielen abbringen oder sie ihm näherbringen. Obwohl der Mensch sich weit im Abseits des Lebens befinden kann, bleibt er doch mit der Mitte, um die sich sein Leben bewegt, verbunden.
Für uns Christen kann Gott diese Mitte sein, die das Leben prägt und trägt. So kann das Labyrinth auch ein Symbol für den Glaubensweg sein. Der Glaube mit seinen „Rand- und Mitte-Erfahrungen", seinen Glaubenszweifeln und Glaubenserfahrungen, seinen Fragen und seinem Vertrauen macht den Weg hin zur Mitte, hin zum Ziel aus.

Was das Labyrinth mir sagt ...

Es gibt nur einen kleinen Einschlupf ins Labyrinth. Wenn ich hineingehe, mich auf den Weg zur Mitte einlasse, geht es immer weiter.
Manchmal bin ich der Mitte ganz nahe, dann wieder führt mich der Weg nach außen, scheinbar weg vom Ziel. Aber wenn ich geduldig weitergehe, komme ich an. Es gibt keine Irrwege. Scheinbare Umwege bringen mich doch vorwärts, ans Ziel.
Ich bin unterwegs auf meinem Lebensweg. Wohin will ich gehen? Welches sind Ziele, für die es sich zu leben lohnt? Welches Ziel verfolge ich im Augenblick? Was ist meine Mitte? Um welchen Mittelpunkt dreht sich mein Leben?
Das Labyrinth ist ein Symbol für meinen Lebensweg, und es ist ein Symbol für mein Leben mit Gott. Es macht deutlich, daß ich mich aufmachen muß; daß ich unterwegs sein muß, wenn ich zur Mitte kommen will. Das Labyrinth zeigt, daß ich manchmal nahe an die Mitte herankomme. Dann habe ich das Gefühl, etwas von Gott und vom Glauben verstanden zu haben. Dann liegt in dieser Mitte ein neuer Anfang, der Kraft gibt und Zuversicht, dann haben mein Leben und der Glaube etwas miteinander zu tun.
Das Labyrinth zeigt aber auch, daß ich mich manchmal ganz am Rand bewege. Dann ist mir alles fremd, abgehoben und unverständlich, und Gott hat vielleicht keine große Bedeutung für mein Leben. Ich richte mich in einem Leben ohne Gott ein.
Das Labyrinth macht deutlich, daß beide Erfahrungen zum Leben gehören,

daß es Umwege geben, daß ich sogar manchmal das Ziel aus den Augen verlieren kann. Ich kann aber darauf vertrauen, daß Gott auch auf diesen Wegen bei mir ist, daß ich meine Bedeutung für ihn nicht verlieren werde. Am Rand beginnt der Weg, der in die Mitte führt. Und: Das Labyrinth zeigt, wenn ich geduldig weitergehe, komme ich einmal ans Ziel, in die Mitte, zu Gott.

Rand-Erfahrungen

Ein Gebet

Gott, oft fühlen wir uns matt, müde und ausgelaugt. Leere und Schwermut breiten sich in uns aus. Wir sehnen uns nach einer erfrischenden Quelle.
Wir glauben, sie in dir zu finden.
Gott, unser Lebensweg ist oft beschwerlich. Steiniger Untergrund, Schlamm und Morast erschweren den Fortgang. Die Schritte werden schwer und unsicher. Wir suchen Sicherheiten und einen Halt.
Wir glauben, beides in dir zu finden.
Gott, unser Lebensweg führt manchmal durch enge Täler und Schluchten. Dunkelheit und Finsternis umgeben uns. Ziellos treiben wir umher auf der Suche nach einem Lichtschimmer.
Wir glauben, dieses Licht in dir zu erkennen.
Gott, wir gehen in unserem Leben manche Irr- und Umwege. Wir lassen uns treiben von Meinungstrends, Schlagwörtern und einem falschen Zeitgeist. Hindernisse, Probleme und Unannehmlichkeiten verdrängen wir, damit unser Bild von einem leichten Leben nicht zerkratzt wird. Wir werden zum Treibgut und nehmen nicht wahr, daß wir von der Mitte abtreiben und zu ertrinken drohen.
Wir glauben, in dir einen Kompaß zu sehen, der uns den Weg zeigt.

Die Mitte erleben

Ein Gebet

Gott, wir freuen uns über zwischenmenschliche Begegnungen, in denen wir ein gutes, wohltuendes Wort hören und jemanden ein Stück seines Weges begleiten durften.
In manchen Augenblicken fühlen wir uns frei, glücklich, sind im Innern unserer Seele ausgeglichen, lassen uns begeistern. Nähern wir uns in solchen Augenblicken der Mitte unseres Lebenslabyrinths?

Solche Erfahrungen der Mitte lassen alle Angst verschwinden. Vieles Äußere wird zur Nebensache. Wir kommen zu uns selbst.
In dieser Mitte wird die Stille zur Lebensquelle, das Kleine, Winzige, das mir begegnet, wird groß, wichtig und bedeutsam. Nicht wir, sondern du, Gott, bist der Mittelpunkt, auf den sich alles konzentriert.
Wenn wir die Mitte erfahren durften, gehen wir hoffnungsvoll wieder hinaus in den Alltag unseres Lebensweges.
Gott, du sendest uns zurück in die Welt, zu den Menschen, mit denen wir zusammen sind.
Wir werden von der Hoffnung und der Gewißheit getragen, daß solche Momente der Mitte uns immer wieder geschenkt werden und daß wir einmal für immer die Mitte erreicht haben werden.

Das Labyrinth

Eine Meditation

Du gehst hinein ins eigene Labyrinth deines Lebens
und siehst vor dir gewundene und gebogene Pfade.
Langsam und bedächtig wagst du die ersten Schritte
und findest dich mittendrin im Gewirr des Weges.
Bald verspürst du Sicherheit,
verlierst beim Gehen die Angst,
weil du eine Mitte hast, die dich hält,
ein Ziel, auf das alles hinausläuft.

Doch plötzlich schlägt der Weg eine andere Richtung ein.
Eine neue Wirklichkeit umgibt dich.
Du durchlebst eine Gratwanderung am äußersten Rand des Labyrinthes.
Abgründe tun sich auf.
Ist dein Leben in Gefahr?
Ist die Sicherheit, die dich umgab, verschwunden?

Wärme verwandelt sich in Kälte,
Geborgenheit wird verdrängt durch Verlassenheit,
Gemeinschaft ist verschwunden,
die Angst vor dem Alleinsein wächst,
ein Gefühl der Einsamkeit breitet sich aus.

Doch die Hoffnung lebt in dir,
denn du weißt um die Mitte,
sie gibt dir neuen Mut,

sie muntert dich auf weiterzugehen,
sie verspricht Zukunft.

Wenn ich mein Leben als einen Weg durch ein Labyrinth sehe,
dann erlebe ich Ängste und Unsicherheiten und
kann doch offen und mutig voranschreiten,
denn Gott ist die Mitte,
denn Gott trägt und begleitet mich.

Gebet für die Menschen

Gott, viele Menschen sind mit ihrem Leben unzufrieden und unglücklich, weil sie mit den Anforderungen und Umständen nicht fertig werden. Sei du der Halt in ihrem Leben.
Gott, für einige Menschen wird das Leben sinnlos, sie haben ihre Lebensziele aufgegeben. Traurig resignieren sie, weil ihre Träume sich nicht erfüllen. Sei du ihre Hoffnung.
Gott, das menschliche Leben braucht eine Mitte und Orientierung. Für einige Menschen gerät es aus den Fugen, weil sie keine Mitte mehr haben. Werde du ihre Mitte.
Gott, es gibt Augenblicke der Freude, der Zufriedenheit und des Glücks in unserem Leben. In solchen Momenten spüren wir, daß wir der Mitte, daß wir dir ganz nahe sind. Sei du der Grund unseres Lebens.
Gott, das Labyrinth ist Sinnbild für unser Leben und für unseren Glauben. Begleite du unseren kurvenreichen Weg, damit wir das Ziel erreichen.

Gebet im Labyrinth

Gott meines Lebens,
ich bin unterwegs auf dem Weg durch mein Lebenslabyrinth.
Niemand hat mich gefragt, ob ich es betreten will,
aber nun gehe ich Schritt für Schritt.
Manchmal ist der Blick frei auf die Mitte,
dann hat alles einen Sinn, ein Ziel,
mein Leben ist erfüllt und reich,
es lohnt sich zu leben.
Manchmal allerdings führt der Weg wieder an den Rand,
alles scheint sinnlos zu sein,

niedergeschlagen und mutlos
stelle ich die Frage, was das alles noch soll.
Vergessen sind die Ausblicke auf die Mitte,
und Trostworte kommen nicht an.

Und dann, ganz am Rand,
wenn alles nicht mehr schlimmer kommen kann,
kommt plötzlich eine Wende.
Alles erscheint in einem neuen Licht.
In der Mitte der Nacht liegt der Anfang eines neuen Tages,
sagt man,
und ich spüre die Wahrheit in diesen Worten
und die Kraft, die von ihnen ausgeht.

Manchmal verliere ich völlig die Orientierung
und weiß nicht mehr, bin ich unterwegs zur Mitte
oder auf dem Weg zum Rand?
Der Boden unter meinen Füßen gerät ins Wanken.
Wer sagt mir, wie es weitergeht?
Wer sagt mir, wie ich mich richtig entscheide?
Gott meines Lebens,
auf dem Weg durch das Labyrinth bist du bei mir
als Begleiter und als Ziel.
Ich glaube an dich.
Ich hoffe auf dich.
Ich vertraue dir.

3. Brot (Eucharistie)

Brotgeschichten

Auf einer Wanderung

Das Leben ist undenkbar ohne Brot. Wir haben es, in Fülle. Viel, viel mehr haben wir, als wir essen können. Jedes Jahr kommen neue Sorten auf den Markt. Doch wir haben so viel, daß wir gar nicht alles essen können. Deshalb liegt es auch am Straßenrand und in der Mülltonne oder verschimmelt im vollen Brotschrank.
Auf einer langen Wanderung wird Brot wieder zu Brot. Nach langen und mühsamen Kilometern bergauf und bergab, wenn Rast gemacht wird. Wie gut, wie würzig und kräftig schmeckt da das Brot. Jeder Krümel wird aufgegessen, der Hunger damit gestillt. Die einfachen Dinge schmecken besonders gut: eine Scheibe Brot und ein Schluck Wasser.

Brotbrief

Liebe Schwester!
Lieber Bruder!

Ich habe einmal einem alten Menschen zugesehen,
wie er ein Stück Brot aß.
Nach dem letzten Bissen pickte er sorgsam
alle Brösel mit dem Finger auf und aß sie.
Sein Gesicht war feierlich wie beim Beten.
Als er bemerkte, daß ich ihm zusah,
lächelte er mir zu.
Seither mache ich es auch so.
Kein Brösel soll verlorengehen.
Seither weiß ich:
Wenn es um Brot geht,
geht es um Leben.

Johannes Schneider

Durchbuchstabiert

Wenn ich es durchbuchstabiere,
das kleine Wort Brot,
wenn ich sage:

B wie Brötchen, beten, backen, bitten, Bettler, Butter, borgen, Boden, Bäcker, Baguette, Brosamen, Bauer, brotlos, Bissen, Brotzeit, Beieinander, Butterbrot,
R wie Roggen, Regen, Ruhe, reisen, reichen, runterschlucken, riechen, Ruanda, Rastplatz,
O wie Ofen, opfern, Ostern, oft, ohne, ofenfrisch,
T wie teilen, töten, trösten, Tisch, (Müll-)Tonne, Toast, täglich, Tag, Tod, Teig,

dann wird mir klar:
Brot ist mehr
als Brot.

Unser tägliches Brot gib uns heute

Einführung

Im Vaterunser beten wir: Unser tägliches Brot gib uns heute. Beim Hören dieser Worte denken wir an die tägliche Nahrung, an unser Essen und Trinken. Wir erflehen Gottes Hilfe und erhoffen von ihm Schutz vor Hunger und Not. Wir hoffen auf seine Fürsorge, die unser Leben begleitet.
Müssen wir vor Hunger und Not Angst haben in einer Welt, in der alle Probleme lösbar erscheinen?
Leben wir nicht im Überfluß, und sichern wir unser Dasein nicht nach allen Seiten ab?
Hat in unserem Leben die Bitte um das tägliche Brot noch einen Sinn?
Rücken Hunger und Not nicht in weite Ferne, solange wir Lebensmittel produzieren, um sie wieder zu vernichten?
Bleiben Hunger und Not nicht für viele eine geschichtliche Erinnerung nach den beiden Weltkriegen?
Paßt die Bitte nicht viel besser in die Lebenssituation der Menschen in der dritten Welt?
Spüren sie nicht viel eher die Not, den Hunger und die Ungerechtigkeit?
Oder hungern wir, die wir im Reichtum leben, nach einem anderen Brot?

Meditation

- Anregung: *In der Mitte liegt ein Brot; Zettel verteilen, die die Form von Brotscheiben haben. Nachdem die Meditation vorgelesen wurde, schreiben die TeilnehmerInnen Brot-Worte auf, d.h. Worte, die erklären, was Brot bedeutet oder was es heißen kann, Brot füreinander zu sein. Die Zettel werden anschließend entweder in ruhige Musik hinein vorgelesen oder eingesammelt und untereinander ver-/ge-teilt, anschließend wird das Brot geteilt und gegessen.*

Wenn wir sagen: Unser tägliches Brot –
meinen wir alles, was wir brauchen, um in Frieden zu leben.
Brot ist Friede.
Frieden im Schutz deiner Macht erbitten wir,
Frieden in deiner sorgsamen Hand.

Essen können, statt zu hungern, ist Frieden.
Trinken können, statt zu dürsten,
warm haben, statt zu frieren, ist Frieden.
Schutz finden in einem Haus,
arbeiten können und seine Kraft einsetzen dürfen,
das alles ist Friede, ist tägliches Brot.
Einen Menschen haben, mit dem man vertraut ist,
sich nicht ängstigen müssen vor der Einsamkeit,
vor Streit und Haß und vor der Hölle des Krieges.
Sich nicht ängstigen müssen um Kinder, Eltern oder Freunde,
sich nicht hergeben müssen an die Maschine des Mordens:
das alles ist das Brot, das wir täglich brauchen
und für das wir täglich danken.

Unser tägliches Brot, von dem wir leben,
ist auch das Wort eines Menschen.
Wir können nicht leben,
wenn nicht das Wort zu uns kommt,
das ein anderer Mensch zu uns spricht.
Vertrauen muß darin liegen,
Weisung muß es geben, Klarheit und Freundlichkeit.
Es ist kein Friede, wo Menschen nicht miteinander sprechen.
Das Wort ist Brot.
Unendlich viele Menschen hungern nach dem täglichen Wort.

Jörg Zink

Ein Besuch im Schrebergarten
Eine Geschichte

Ich war zu einer mehrtägigen Finanztagung in einer großen Stadt. Das Leben in dieser Stadt wirkte auf mich wie ein emsiger Ameisenhaufen: das hastige Laufen der Menschen, ihre Geschäftigkeit und Eile, das Aneinandervorbeisehen. Neben den Menschen verstärkten hupende Autos und lärmende Busse, Neonleuchten und Lautsprecherstimmen diesen Eindruck. Die quirlige Vitalität einer Weltstadt.
In diesem Gewirr fiel mir auf einem Platz, den wir auf dem Weg zur Kongreßhalle überquerten, ein Mann auf, der in einer Ecke vor einem Geschäft saß. Die Vorbeihastenden beachteten ihn nicht. Vor sich hatte er ein Schild aus Pappe aufgestellt, auf das er in schlechter Schrift geschrieben hatte: „Mensch in Not! Bitte um ein Almosen!" Neben dem Schild stand eine zerbeulte Dose, in der einige kleine Münzen lagen, die kaum zum täglichen Leben ausreichten.
Wenn wir in diesen Tagen an dem Mann vorbeigingen, warf meine Sekretärin einige Münzen hinein. Ich selbst ging vorüber. Ich wollte den Mann nicht einfach mit einer Münze abspeisen.
Am nächsten Tag sahen wir ihn wieder. Er saß da, ruhig, in ungepflegter, dünner Kleidung. Seine Augen starrten auf den Boden. Er mußte nur die Füße und Beine der Vorbeigehenden sehen. Ich blieb stehen und legte einen Briefumschlag in die Dose, dann gingen wir weiter.
Am Abend, nach einem anstrengenden Konferenztag, kam ein Anruf ins Hotel. Meine Sekretärin nahm das Gespräch an: „Ein Herr aus der Stadt möchte Sie sprechen. Er nennt seinen Namen nicht, aber er bittet Sie um ein Gespräch!" Ich ging an den Apparat, es könnte der Mann vom Platz sein, schoß es mir durch den Kopf. Er war es. In dem Briefumschlag hatte ich ihm meinen Namen und meine Unterkunft mitgeteilt. Wir sprachen lange miteinander und vereinbarten einen Besuch. Ich wollte ihn in seinem Zuhause aufsuchen.
So machte ich mich zur vereinbarten Zeit auf und fuhr an den Stadtrand in eine Schrebergartenanlage. Hier draußen wohnte der Mann in einer armseligen Hütte. Als ich eintrat, sah ich eine brennende Kerze auf dem Tisch, die den kleinen Raum warm erhellte. Auf dem Tisch standen zwei Becher und eine Teekanne, und es lag dort ein Brot. Wir setzten uns auf die alten Hocker. Er reichte mir Brot und goß mir Tee ein. Wir hielten miteinander Mahl. Langsam begann er von sich und seinem Leben zu erzählen. Dann erzählte auch ich von mir. Wir redeten bis tief in die Nacht. Erst spät kam ich ins Hotel zurück.
Am nächsten Morgen saß der Mann wieder an seinem Platz. Als wir vorbeigingen, blickte er auf, lächelte und sagte: „Danke!" Als meine Sekretärin

mich nach dem gestrigen Abend fragte, sagte ich: „Ich habe ihn besucht und ihm ein bißchen Zeit geschenkt!"

Gebet

Unser tägliches Brot, lieber Vater im Himmel,
gib uns, damit wir nicht hungern.
Du selbst hast uns geboten, so zu bitten.
Gib uns das Brot. Gib uns den Frieden.
Gib Brot und Frieden allen Menschen.
Auch das Wort ist Brot.

Gib uns Phantasie, lieber Vater im Himmel,
damit uns ein Wort einfällt, denn es ist Brot für andere.
Laß uns ein Wort einfallen,
wenn Streit ist, Angst oder Verdacht.
Laß uns tägliches Brot sein für die Menschen,
die nicht leben können ohne unser Wort.
Gib tägliches Brot durch unseren Mund (...)

Du hast allen das Brot und das Wort gegeben
seit all den Jahren, in denen wir Frieden genießen.
Mach uns nun zum Brot für die Hungernden in der Welt:
für die, die in der Ferne nach Brot hungern,
und die, die in der Nähe unser Wort brauchen.

Unser aller tägliches Brot, Vater im Himmel,
gib uns durch unser aller Hände
und durch unser aller Wort.

Jörg Zink

Die ganze Welt bittet um Brot
Ein Gebet

Herr,
die ganze Welt bittet um Brot.
Sie streckt dir ihre mageren Arme entgegen:
aus Hunger, aus Vertrauen,
aus Not und aus Hoffnung.
Gib dieser Welt Brot.
Herr,
der Menschen Sattheit wird Versuchung.

Wer keinen Hunger mehr hat, vergißt schnell.
Laß uns den Hunger nach dir
und nach Frieden unter den Menschen.

Werner Schaube

Aller Augen warten auf dich

Eine Transformation zu Psalm 145b

Aller Augen warten auf dich, Gott,
du gibst ihnen Speise zu ihrer Zeit.
Gott ist all seinen Worten treu und
liebevoll in allem, was er tut.
Er stützt alle, die wanken und fallen,
und richtet die auf, die gebeugt und verkrümmt sind.
Die Menschen hoffen auf Gott,
und er gibt ihnen Speise zur rechten Zeit.
Er öffnet seine Hand
und sättigt alles, was lebt,
jedes Lebewesen erhält, was es braucht.
Gott ist gerecht in allem, was er tut,
seine Liebe und Zuneigung wird deutlich in dem, was er tut.
Er ist allen, die nach ihm rufen, nahe,
allen, die Hilfe von ihm erhoffen.
Er kennt die Wünsche und Sehnsüchte der Menschen
so wie ihre Sorgen und Ängste
und läßt sie nicht allein.
Er sorgt sich um alle, die an ihn glauben.
Mein Mund soll sein Lob verkünden,
alles, was lebt, preise und danke Gott immer und ewig.
Aller Augen warten auf dich, Gott,
du gibst ihnen Speise zu ihrer Zeit.

Mehr als Brot

Brot - Nahrung für uns Menschen
Brot - Symbol für das Leben
Brot - Gemeinschaft unter den Menschen

Brot - Erinnerung an Jesus
Brot - Begegnung mit Christus
Brot - Zeichen für Tod und Auferstehung
Brot - Weg zur Versöhnung mit Gott und den Menschen
Brot - Geschenk der Liebe Gottes
Brot - Versammlung der Christen
Brot - Mittelpunkt einer geschwisterlichen Gemeinde.

Personale Gegenwart

Eine Betrachtung

Jesus Christus ist in der Eucharistie nicht einfach da wie eine Sache, vorhanden wie ein Stück Brot, gegenständlich, räumlich - nicht lokal, sondern personal. Was heißt das?

Er ist gegenwärtig, wie Personen einander nahe sind, wie die Liebe eines geliebten Menschen gegenwärtig ist.

Enge räumliche Nähe, zum Beispiel in der überfüllten Straßenbahn, bedeutet keineswegs automatisch personale Beziehung und Nähe. Andererseits schließt räumliche Entfernung die liebende Verbundenheit nicht aus.

Eine liebende Beziehung äußert sich in bestimmten Zeichen, etwa in einem Geschenk, einem Händedruck, einer Umarmung. Sie wird nur erfahrbar in diesen Zeichen, wirklich verständlich wird sie jedoch nur geistig, personal, innerlich.

Das äußere Zeichen der Gegenwart Jesu ist also wichtig und unverzichtbar. An dieses Brot, an diesen Wein ist seine Gegenwart gebunden, aber die eigentliche Wirklichkeit liegt nicht so offen zutage, sie öffnet sich nur innerer Erkenntnis.

Nur der Glaubende erkennt in diesem Mahl und seiner Speise Jesus Christus und seine Liebe zu uns. Er selbst ist da als der Gastgeber und als Gabe. Man muß sein Fleisch wirklich „kauen“, wie Johannes (Joh 6,53f) ziemlich drastisch formuliert, wenn man sein Leben in sich aufnehmen will.

Wer ihn ißt, nimmt nicht eine Sache, eine Medizin, eine Mahlzeit zu sich, sondern den Geber selbst, denn er selbst ist das Brot des Lebens.

Wer Anteil hat an den Gaben, der hat Anteil am Geber selbst. Das ist gemeint mit „Wesensverwandlung“: Das Wesen dieser Speise ist nun nicht mehr irdisch-leibliche Nahrung, sondern er selbst nährt unsere Hoffnung, unsere Sehnsucht, unsere Zuversicht. Wenn wir jetzt ein Gefühl haben wie die Erfahrung der Emmaus-Jünger - sie erkannten ihn beim Brotbrechen, doch auf einmal war er nicht mehr zu sehen -, wenn wir diese Spannung zwischen Anschaubarkeit und Verhülltheit, zwischen innerer Gewißheit und äußerer

Unanschaulichkeit spüren, dann sind wir eigentlich ganz nah an der Wirklichkeit dieses sakramentalen Geschehens.

Theodor Schneider

Seht, wir feiern das Mahl

- Anregung: *Den Text als Einladung zur Kommunion vortragen.*

Seht, wir feiern das Mahl,
weil wir uns an Jesus, sein Leben für uns und seinen Tod für uns, erinnern wollen.
Seht, wir feiern das Mahl,
weil wir daran glauben, daß er in Brot und Wein unter uns Gegenwart ist.
Seht, wir feiern das Mahl,
weil wir an die Zukunft dessen glauben, was er verkündet hat.

Seht, wir feiern das Mahl,
in dem Gott sich in unsere Hände gibt und sich uns einver-leibt.
Seht, wir feiern das Mahl,
in dem irdische Zeichen von der über-irdischen Liebe Gottes künden.
Seht, wir feiern das Mahl,
in dem wir untereinander zu Geschwistern werden und zu Mitarbeitern Gottes.

Seht, wir feiern das Mahl,
das uns Kraft schenkt für unseren Weg.
Seht, wir feiern das Mahl,
das uns untereinander verbindet und mit Gott.
Seht, wir feiern das Mahl,
das uns Angelpunkt ist und Mittelpunkt und Höhepunkt.

Seht, wir feiern das Mahl
als Zeichen der Liebe und Hoffnung und des Lebens.
Seht, wir feiern das Mahl
als Ausdruck und Bekräftigung unseres Glaubens.
Seht, wir feiern das Mahl
als Dank und Lob und Bitte.

Darum sind wir hier zusammen:
Seht, wir feiern das Mahl.

Brot und Wein

Brot und Wein
sind Zeichen der Gastfreundschaft,
um einen gemeinsamen Tisch sitzen,
bei anderen Gast sein,
im gemeinsamen Mahl Geborgenheit und Heimat finden,
willkommen sein.

Ich lade dich ein, Brot mit mir zu teilen,
das, was ich brotnot-wendig habe,
- mein Leben - zu teilen.
Im Brotteilen gehen uns die Augen auf -
wie damals in Emmaus,
und ich erfahre mit allen Sinnen,
daß im Lebens-brot-Teilen Christus erkennbar ist.

Ich lade dich ein, Wein mit mir zu teilen,
Wein, das ist wie ein Mensch,
der noch mehr als Brot ist,
der darüber hinaus ein kostbarer Schluck Wein ist,
der munter macht, der froh macht, der trunken macht.
Mein Wein ist meine unbändige Freude am Leben,
mein Wein ist Singen, mein Wein ist Lachen.

Ich möchte dir Wein schenken gegen all den Essig,
der dir gereicht wird, wenn du durstig bist,
wenn deine ausgetrocknete Kehle nach Wasser schreit.

Brot und Wein - weil wir den bezeugen,
der sich selbst so sehr verteilte, daß er
buchstäblich Brot und Wein wurde.
Darum wollen wir Christen einander lebendiges Brot
- uns selbst - auftischen.

Und so sich unser Leben - unser Brot - vermehrt -
Lebensvermehrung, obwohl - weil? - wir teilen,
austeilen
und wir Kommunio feiern, weil wir alle Anteil an
dem einen Brot, an dem einen Wein haben.
Was kann ich uns Schöneres wünschen, als daß wir
füreinander und für alle, die darauf warten,
Brot und Wein werden!

Uschi Watteler

Vater unser

Vater unser,
mein Vater, dein Vater, der Vater aller Menschen,
Gott, der du uns Vater bist und Mutter
und uns zu Geschwistern machst.
Wir suchen dich im Himmel und auf der Erde.
Du bist uns verborgen,
du bist uns fern und nah,
unaussprechlich groß und gut bist du,
ist dein Name, ist deine Zuneigung zu uns.
Wir hoffen auf dein Reich,
in dem wir leben werden, weil du es versprochen hast.
Wir glauben daran, daß es schon hier und heute
unter uns Wirklichkeit werden kann,
wenn wir nach deinem Willen und als deine Kinder leben.
Du gibst uns jeden Tag, was wir zum Leben brauchen,
und erwartest, daß wir teilen mit denen, die nicht das Lebens-not-Wendige haben.
Weil du uns unsere Schuld und unser Versagen verzeihst,
können auch wir denen verzeihen, die uns etwas schuldig bleiben.
Laß nicht zu, das wir uns aus deiner Liebe entfernen,
sondern festige jeden Tag aufs neue den Bund,
den du mit mir, mit uns Menschen geschlossen hast.
Denn dein ist das Reich und die Kraft und die Herrlichkeit in Ewigkeit. Amen.

Gottes Einladung

- Anregung: *Dieser Text läßt sich z.B. gut als Kommunionmeditation verwenden.*

Ich lade dich ganz herzlich ein, sagt der Herr.
Ich lade dich ein, dich an mich, deinen Gott, zu erinnern.
Ich lade dich ein, mir ganz nahe zu sein.

Ich bin der Gastgeber und die Speise.
Ich gebe mich in deine Hand.
Du nimmst mich in die Hand, und du nimmst mich in dich auf.
So bin ich in dir.
So bin ich zu dir.
Wenn du mich in dir fühlst, bekommt dein Leben Kraft.

Du spürst Hoffnung und Zuversicht.
So werde ich für dich zum Brot für das Leben.
So werde ich für dich zum Brot des Lebens.

Ich bin der Gastgeber und das Getränk.
Ich gebe mich in deinen Körper.
Du nimmst mich in dich auf, und ich gehe dir ins Blut.
So bin ich in dir.
So bin ich zu dir.
Wenn du mich in dir fühlst, bekommt dein Leben Freude.
Du spürst Hoffnung und Zuversicht.
So werde ich für dich zum Wein für das Leben.
So werde ich für dich zum Wein des Lebens.

Weil deine Sehnsucht nach Leben, nach Angenommensein, nach Gemeinschaft nie von Menschen allein ganz gestillt werden kann,
feiere ich mit dir Mahl, damit du all das bei mir finden kannst.
Ich stille deinen Hunger mehr, als Brot und Menschen es vermögen.
Ich stille deinen Durst mehr, als Wein und Menschen es vermögen.
Du kannst schmecken, wie gut Gott zu den Menschen ist.
Du kannst schmecken, wie gut ich zu dir bin.
Wenn dir dies aufgeht, wird dein Leben ein anderes.
Wenn dir dies aufgeht, bekommt dein Leben Perspektive und Hoffnung und ein Ziel.
Du wirst Geschmack bekommen am Leben und an mir, deinem Gott.

Seit dem Abendmahl Jesu mit seinen Jüngern kommen immer wieder Menschen zusammen, um das Brot zu brechen und sich zu er-innern,
um mich zu ver-inner-lichen, um meine Nähe und Liebe zu spüren.
Ein kleines Zeichen, ein kleines Stück Brot ist mein Geschenk für dich.

Seit dem Abendmahl Jesu mit seinen Jüngern kommen immer wieder Menschen zusammen, um den Wein zu trinken und sich zu er-innern,
um mich zu ver-inner-lichen, um die Freude und die Gemeinschaft zu spüren.
Ein kleines Zeichen, ein kleiner Schluck Wein ist mein Geschenk für dich.

Ich lade dich ganz herzlich ein zu diesem Mahl.
Ich lade dich ein, mit mir Gemeinschaft zu haben.
Ich lade dich ein, dein Leben in meine Nähe zu stellen.
Ich lade dich ganz herzlich ein.

4. Stein

- Biblischer Bezug: *z.B. 1 Petr 2,1-10*

Eine Steingeschichte zum Miterzählen

- Anregung: *Die Geschichte lädt dazu ein, an verschiedenen Stellen mit Kindern ins Gespräch zu kommen. Sie werden viele Ideen haben und die Geschichte miterzählen; interessant und spannend zum Zuhören wird sie dadurch nicht nur für die Kinder. An den markierten Stellen sind die Kinder eingeladen, zu erzählen, was aus dem jeweiligen Stein werden könnte.*

Es trafen sich einmal verschiedene Steine, und sie begannen schon nach kurzer Zeit zu streiten, wer von ihnen wohl der schönste und der wertvollste wäre.
Die Steine, die sich stritten waren: ein Diamant, ein Stein, in dem eine Goldader war, ein Bergkristall, ein Stein, in dem Eisen enthalten war, und ein ziemlich flacher Kieselstein.
Ihr könnt euch sicher denken, was die verschiedenen Steine zu sagen hatten und daß sie alle sehr stolz und selbstbewußt waren, bis auf den Kieselstein. Den fanden die anderen doch ziemlich gewöhnlich und unbedeutend und nutzlos.
Der Streit der Steine führte zu keinem Ergebnis. Doch vielleicht finden wir eine Lösung, wenn wir überlegen, was aus den verschiedenen Steinen geworden ist:
Da war zuerst der Diamant ... (...)
Er wurde zu einem Diadem verarbeitet und in einen Tresor geschlossen, und nur zu ganz besonderen Gelegenheiten konnte er auf den Köpfen reicher Damen eine kurze Zeit funkeln.
Ob das so wertvoll war?
Dann war da der Stein, in dem eine Goldader war ... (...)
Er wurde geschmolzen und mit anderem Gold zu einem Goldbarren gepreßt, in einen Safe gelegt, damit er nicht gestohlen werden konnte, und Menschen, die ihn sahen, konnten an nichts anderes mehr denken, als unbedingt dieses Gold besitzen zu wollen.
Ob das so wertvoll war?
Dann der Bergkristall... (...)
Er wurde von einem Museum gekauft und in eine Vitrine auf ein blaues

Samtkissen gelegt. Die Menschen durften ihn ansehen, aber anfassen durfte ihn natürlich niemand, nur hin und wieder wurde er von einem alten Aufseher abgestaubt.
Ob das so wertvoll war?
Dann war da noch der Stein, in dem Eisen enthalten war ... (...)
Auch er wurde eingeschmolzen, um das Metall aus dem Stein zu lösen. Dann wurde eine Gewehrkugel daraus gemacht.
Ob das so wertvoll war?
Zuletzt war da noch der Kieselstein ... (...)
Ein kleiner Junge fand ihn und steckte ihn in seine Hosentasche, weil er meinte, daß er so einen Stein bestimmt noch einmal gebrauchen könnte. Er trug ihn mit sich herum, und eines Tages kam er an einen See. Da nahm er den Stein wieder aus der Tasche und ließ ihn über die Wasseroberfläche hüpfen, und während der Stein langsam auf den Boden trudelte, hörte er, wie der Junge stolz seinem Freund zurief: „Hast du das gesehen? Er ist fünfmal gesprungen!" Und wie der Junge dann vergnügt pfeifend davonlief.
Ob das wohl wertvoll war?

Und die Moral dieser Geschichte:
Die wirklich wertvollen Steine sehen meistens ganz gewöhnlich aus, und man kann sie überall finden. Häufig jedoch in den Taschen von Kindern.

Steinmeditation

- Anregung: *Jede/r TeilnehmerIn erhält einen Stein und nimmt ihn in die Hand. Zur Einstimmung wird meditative Musik eingespielt.*

Nimm den Stein in die Hand, fühle ihn.
Er ist hart und kalt, wie die Herzen vieler Menschen,
hart wie Stein.
Umschließe ihn mit der Hand; erwärme ihn, den kalten Stein.
Nur wenn du ihn umfaßt, ihn mit deiner Hand umgibst,
nimmt er Wärme an, wie ein kaltes Herz, ein Herz aus Stein.
Begreife ihn mit deinen Fingern, nur wenn du ihn begreifst, wirst du dich mit ihm befreunden.
Fühle über seine Fläche, die glatte, an der alles herunterperlt,
die kantige, die dir weh tut und dich verletzen kann,
deine Empfindlichkeit, dein Fingerspitzengefühl, deine Haut, die dich schützt.
So wird er ein Teil von dir: Denn so bist du oft selber - steinhart und kalt und aalglatt und gefühllos und kantig und scharf und verletzend.

Steinhart in deiner Gleichgültigkeit,
geschleudert als Vorurteil gegen Andersdenkende,
als Stolperstein denen in den Weg gelegt, die dir nicht passen,
als Steinreicher denen gegenüber, die nichts haben,
niederwalzend als Mehrheit, in der einzelne nicht mehr zählen,
geworfen als „Laß mich in Ruhe" und „Keine Zeit" gegen Verzweifelte und Hilfesuchende.

Nimm den Stein in die Hand und fühle ihn.
Durch die Wärme deiner Hand hat er ebenfalls Wärme angenommen.
So ist es auch mit dir:
Nur, wenn einer kommt und die Hand um dich legt, wandelt deine Kälte sich um in Wärme.
Nur, wenn einer kommt und dich umfaßt, wird die stumme Kälte sich auflösen und Steine werden reden.
Nur, wenn einer kommt und sich deiner annimmt, wirst du nicht mehr „Zum-Stein-Erweichen" zum Himmel schreien.
Nur, wenn einer kommt und dich aufnimmt, wird niemand mehr über dich stolpern.
Nur, wenn einer kommt und dich anrührt, wird aus Steinen klares Wasser fließen, an dem die Durstigen ihre Sehnsucht stillen können.
Nur, wenn einer kommt und dich aufhebt, kannst du Teil einer lebendigen Gemeinschaft sein.
Nur, wenn einer kommt und dich einplant, wirst du mit anderen zu einer Brücke, die Gegensätze überwindet.
Nur, wenn einer kommt.

Gott hat bei der Erschaffung der Welt den Stein unserer Geschichte ins Rollen gebracht.
Er hat uns gezeigt, wie aus unbeachteten Menschen, die wie Steine am Weg lagen, glänzende Persönlichkeiten wurden, Schmucksteine im Mosaik der Geschichte.
Er hat uns Jesus gesandt, der vorgemacht hat, wie aus kalten, harten und aalglatten Menschen durch seine Berührung und seine Wärme gütige und barmherzige Menschen wurden, lebendige Steine in der Gemeinde Gottes.
Er hat uns zugesagt, daß wir auf diesen Jesus, auf sein Vorbild und seine Botschaft bauen können.
Unsere Antwort darauf ist der Glaube daran, daß Gott alles Harte, Kalte und Tote in uns und unserer Welt zum Guten verwandeln kann,
daß unter seinen Händen die Steine warm werden, daß daraus Brücken und Gemeinschaften entstehen.

Und: Daß Gott es ist, der dies mit uns tut, und daß wir den Auftrag haben, es für andere zu tun:
damit Steine des Vorurteils und des Hasses niedergelegt werden,
damit Stolpersteine zu Ecksteinen werden,
damit Steine sich in Brot verwandeln,
damit Kälte sich in Wärme wandelt,
damit aus Steinen am Weg das neue, lebendige Haus Gottes entsteht.

Herr, wir nehmen den Stein

Herr, wir nehmen den Stein in unserer Hand zum Anstoß, über unser Leben nachzudenken.
Wir tragen vor dich alles, was hart und kalt in uns ist.
Wir tragen vor dich alles, was aalglatt und abweisend in uns ist.
Wir tragen vor dich alles, was scharf und verletzend in uns ist,
und bitten um Vergebung.
Wir bitten dich um Geduld und Phantasie,
mit den Steinen in unserer Hand Gutes zu bauen, Brücken und Häuser,
lebendige Gemeinschaften, Stützmauern und Pfeiler.
Wir bitten dich um Frieden, dort, wo Steine fliegen,
in Bürgerkriegen und Straßenschlachten.
Wir bitten dich um Gerechtigkeit, dort, wo Steine des Vorurteils und Hasses die Gemeinschaft zerstören.
Wir bitten dich um Einheit, wo Stolpersteine die Verständigung verbauen.
Wir bitten dich um Kraft und deinen Segen,
wenn wir versuchen, lebendige Steine in deiner Kirche zu sein, und
mitbauen an deinem Reich.

Stein-Fragen
Anfragen zum Nachdenken

Weiß ich um Steine, die mich in meinem Leben belasten?
Baue ich Steine auf, die mir den Weg zum anderen versperren?
Lege ich anderen Steine in den Weg?
Bin ich ein Stein des Anstoßes für andere?
Baue ich eine Steinmauer um mich auf, um mich vor der Welt zu verbarrikadieren?

Werfe ich mit Steinen auf andersdenkende Menschen?
Helfe ich mit, Steine und Hindernisse aus dem Weg zu räumen?
Biete ich einen Stein als „Ruheplatz" an, wenn Menschen eine Pause brauchen?

Leben wie Sisyphos

Gott, manchmal kommt mir mein Alltag vor wie das Leben des Sisyphos.
Jeden Tag rolle ich die gleichen, schweren Steine bergauf.
Und kaum habe ich es geschafft, oben anzukommen,
rollt der Stein wieder hinunter,
und ich stehe daneben, mit hängenden Schultern,
denn ich kann ihn nicht aufhalten.
Alles war vergeblich und umsonst,
der Optimismus, die Kraft und die Hoffnung
gehen verloren und zerspringen wie die Steine.
Gott, hilf mir, die Steine immer wieder hinaufzurollen,
die immer gleichen Steine meines Alltags,
die immer gleichen Routinearbeiten,
die immer gleichen Mühen,
den immer gleichen Ärger,
im Beruf, in Ehe und Familie, im Haushalt.
Laß nicht zu, daß mich diese Steine überrollen
und ihr Hinaufrollen mich mutlos macht.
Gib meinem Mühen einen Sinn.

Aus dem Steinreich

Witterungsbeständig. Kühl
bis in den Kern. Unbeweglich und
unregelmäßig. Überall anwesend. Oft
durchsetzt von Metallen. Hinderlich.
Nützlich...
... Ihr Versprechen
anstelle der Verstummten zu reden
haben sie nicht gehalten.
Aus einigen lassen sich Funken schlagen.
Ihre Teilnahme an Steinigungen

vergaßen sie gründlich ...
... kostbar nur die
an ihresgleichen geformt und geschliffen
und durch und durch hart wie
Herzen in denen sie
gefunden werden.

Günter Kunert

Steine - Sicherheit und Schutz

Eine Übung

Aus blauer Folie oder Tüchern wird ein Flußbett dargestellt. In das Flußbett werden größere und kleine Steine gelegt.
Die TeilnehmerInnen werden aufgefordert, zum Fluß zu gehen. Hier endet ihr bisheriger Weg, doch das Ziel ihres Weges liegt am anderen Ufer. Um sicher und trocken hinüberzukommen, müssen sie über die Steine gehen.
Nach dem Gang durch den Fluß berichten die TeilnehmerInnen darüber, welche Bedeutung die Steine für sie hatten:
Die Steine waren für mich ...
Die Steine gaben mir auf dem Weg ...
Die Impulse und die möglichen Antworten können auf einem Plakat gesammelt werden.

Gebet

Herr, ich liebe es und fühle mich wohl,
wenn ich festen Halt unter den Füßen habe.
Ich verspüre Sicherheit und habe Mut, weiter vorwärts zu gehen.
Alle Angst und Unsicherheit weichen von mir,
denn ich kann meinem Ziel entgegengehen.
Die Steine sind wie kleine Inseln,
die mir den Weg weisen und mir kleine Ruhepausen und Orientierung bieten.
Herr, ich danke dir für die Steine,
die mich auf meinem Weg tragen und ans Ziel bringen.
Ich danke dir, Herr, für die kleinen Zufluchtsinseln,
die mir Geborgenheit geben und einen Stand-punkt bieten.
Hilf mir, denen ein solcher fester Stein zu sein,

die in Not und Bedrängnis sind,
damit die Menschen, die auf meine Hilfe hoffen,
sicher über die Klippen ihres Lebens kommen.

Steine, die schützen

- Anregung: *Von einem Tonband wird das Rauschen der Meeresbrandung abgespielt. Dazu wird ein Bild oder ein Dia der Meeresküste gezeigt, auf dem hohe Wellen gegen das Ufer rollen. Im Uferbereich ist ein Damm aus Steinen zu erkennen.*

Die TeilnehmerInnen beschreiben das Bild:
- die Gefahr der Meeresbrandung,
- die Bedeutung des Dammes,
- die Angst der Küstenbewohner ...

Die Bedeutung des Bildes wird auf den Menschen übertragen:
Auch im Verhalten der Menschen untereinander gibt es gefährliche Wellen und Strömungen, vor denen man sich schützen muß. (Beispiele: ...)

Anschließend können die TeilnehmerInnen einen Schutzwall aus Steinen bauen, der die Flut der gesellschaftlichen „Brandungen" abhalten soll.
Auf eine blaue Folie oder ein blaues Tuch, das vor der Mauer liegt, werden auf Zetteln notierte Stichworte für diese Gefahren gelegt: z.B. Konsumwelle, Drogenwelle, Gewalt, reich und arm, Profit, Ellenbogen ...

In einer Abschlußrunde können diese Stichworte in einem Statement oder einer Gebetsbitte noch einmal aufgegriffen werden, z.B.
- Mein Stein soll die Konsumwelle, in der wir leben und von der wir überrollt werden, eindämmen, indem ich versuche ...
- Mein Stein soll die Welle der Gewalt bändigen, die die Liebe und den Frieden unter uns Menschen tötet, indem ich versuche ...

Der Stein vor dem Grab

Meditation

Ein großer, schwerer Felsblock,
den nur mehrere Menschen zusammen bewegen können,
schließt das Grab, in dem Jesus liegt, ab.
Hermetisch abgeriegelt,
eine abgeschlossene Sache: dieser Jesus und sein Leben.

Aus und vorbei, das war's.
Ein großer, schwerer Felsblock
als Schlußpunkt hinter ein Leben, das anders war.
Schwer hatten es die Menschen mit diesem Jesus:
Schwer hatten es die Pharisäer, deren Frömmigkeit er anfragte,
schwer hatten es die Mächtigen, deren Befugnisse er anzweifelte,
schwer hatten es die Juden, deren Gesetze er den Menschen nachordnete.
Schwer hatten sie es mit diesem Jesus:
Schwer liegt nun der Felsblock vor seinem Grab,
als Abschluß eines Lebens, das gescheitert zu sein schien.
Was ist mit der Liebe, die den Tod überdauern soll?
Wo ist der Gott, der ihn seinen Sohn nennt?
Der Felsblock trennt ihn nun von dem Leben, das er verkündete.
Der Zugang ist versperrt,
es gibt kein Weiterkommen mehr,
unüberwindlich ist die Grenze des Grabes.
Felsen-fest steht die Tatsache des Todes.

Der Stein vor dem Grab hat Gewicht.
Bewegen können ihn mehrere Menschen,
endgültig fortnehmen kann ihn nur Gott.

Gebet

Jesus, ein Engel hat die frohe Botschaft von deiner Auferstehung verkündet.
Er sagte den Frauen: „Er ist wahrhaft auferstanden."
Deine Auferstehung hat den Stein des Todes beseitigt und das Leben neu geschaffen.
Das Leben, das du uns durch deine Auferstehung geschenkt hast,
kennt keine Mauern, keine Steine und keine Grenzen mehr.

Du selbst hast in deinem Leben Steine, über die Menschen stolperten,
aus dem Weg geräumt und ihnen Halt gegeben,
damit sie über diese Hindernisse hinwegkommen konnten.

Du hast ihnen Brot zu essen gegeben, Worte der Heilung gesprochen,
abgebrochene Beziehungen neu verbunden.

Sei bei uns, wenn der Weg steinig wird.
Hilf uns, über unüberwindliche Steine hinweg,
damit wir ans Ziel gelangen,
dorthin, wo das Leben neu beginnt in deiner Liebe.

Die letzten Fragen laß den Steinen

Leg die dunklen Gedanken
den Blumen in die Kelche.
Sie schließen sie ein
in ihren Schlaf
und werden schweigen.
Über Nacht wandeln sie die Leiden
in die Farben ihrer Blüten
und geben dir das Leben zurück im Licht.
Nur der Sonne erzählen sie,
wovon sie schweigen,
sie bewundert ihre Geschichten,
ohne sie zu verraten.

Die letzten Fragen laß den Steinen.
Sie sind alt und weise genug.
Sie können sich liegen lassen
und dabei doch wichtig nehmen.
Was ihnen nicht eingeht,
weisen sie fraglos ab.
Sie bergen die Weisheit
und hüten sich vor dem Geschwätz.
Was schwer wiegt, bleibt lange liegen,
viele müssen daran vorbei,
bis sie selber schweigen können.

Gerd-Werner Gries

5. Kreuz

Angeknackst sein

- Anregung: *Zu dem folgenden Text kann ein Zweig genommen und so lange gebogen werden, bis er knackst, aber noch nicht bricht. Die TeilnehmerInnen sollen das Geräusch hören. So können Erinnerungen oder Erfahrungen wachgerufen werden, die er/sie in seinem/ihrem Leben mit einem „Knacks" in Verbindung bringt. „Da hat mein Leben einen Knacks bekommen ...". Vielleicht ist auch ein Gespräch über diese Erfahrungen möglich.*

Angeknackst.
Da ist etwas zerbrochen, was vorher tragfähig und belastbar war.
Der Bogen ist überspannt worden.
Die Belastung war zu extrem.
Kein Wunder, daß das passiert ist.
Es war einfach zuviel.
Es war nicht mehr auszuhalten.
Irgendwann ist das Maß auch voll.
Es gibt für alles eine Grenze.
Es war nicht möglich, die Situation vorher zu entspannen.
Da gab es kein Zurück mehr.
Angeknackst.
Jetzt ist der Wurm drin.
Die kleinste weitere Bewegung, und der endgültige Bruch ist da.
Wie soll es jetzt weitergehen?
Es gibt doch keine Chance mehr, die Sache zu kitten.
Es wird nie wieder werden wie vorher.
Angeknackst.
Und jetzt?

Krank

Alles läuft seinen gewohnten Gang.
Klar, es gibt den täglichen Ärger und Streß, aber es läuft!

Ein Tag reiht sich an den anderen,
es geht langsam voran im Beruf und in der Familie.
Alltag, Sonntage, Routine und Feste,
alles läuft, wie es laufen muß.

Und plötzlich macht der Körper nicht mehr mit.
Ein Zusammenbruch, eine Krankheit stoppen den gewohnten Lauf der Dinge.
Pause, notgedrungen.
Während der Körper ruht, fliegen die Gedanken:
Was ist es für eine Krankheit?
Was kann man gegen die Schmerzen tun?
Wie lange wird es dauern, bis ich wieder fit bin?
Wie sollen die anderen zurechtkommen, wenn ich nicht da bin?
Klar, wenn ich ehrlich bin:
Alarmzeichen hat es schon gegeben:
Ich hätte es merken und rechtzeitig etwas dagegen tun können.
Jetzt ist die Notbremse gezogen.

Wie es weitergehen wird, ist unklar.
Ob die Krankheit ernst ist, vielleicht tödlich?
Ob sich mein Leben mit seinen Gewohnheiten ändern muß?
Ob die Krankheit eine Chance für mich wird,
mein Leben neu zu ordnen und die Dinge anders zu sehen?
Ob die Krankheit ein Kreuz für mich wird,
das ich gezwungen bin, bis zum Tod zu tragen?
Ob die Krankheit mich lähmt, mich besiegt,
mich einschließt, mich losläßt oder verfolgt?
Ich weiß es nicht.

Schreiendes Schweigen

Eine Meditation

Eigentlich sollte man zum Thema „Schweigen“
einfach schweigen.
Schweigen ist Gold - denke ich -
und beginne zu schweigen.

Dann sehe ich vor mir
die vielen Schweigenden auf dieser Welt:
die mit den zusammengekniffenen Lippen,
die aus der Verbitterung schweigen;

die vielen schweigenden Gesichter,
die mir jeden Tag begegnen
und die einander totschweigen;
ich sehe auch die schweigenden Trappistinnen
in der Abtei Maria Frieden bei Dahlem,
die schweigend
die Hilferufe der Menschen vor Gott tragen.
Das Schweigen hat viele Gesichter.

Und während ich schweige, da höre ich -
und vielleicht höre ich nur, weil ich schweige:
Ich höre die Todesschreie der Kinder,
die irgendwo von selbsternannten Diktatoren
zu Tode gequält werden.
Ich höre die Hinrichtungsgewehre
der Terroristenkommandos knattern.
Ich höre das leise Wimmern der Kinder,
die jede Minute sterben,
während wir ihnen Brot wegessen.

Ich höre in die Vergangenheit,
und ich vernehme das Schweigen
fast eines ganzen Volkes
vor den Toren der Konzentrationslager:
Wir haben nichts gewußt.
Viele konnten nichts wissen,
fast alle schwiegen.

Ich höre in die Gegenwart,
und ich vernehme das Schweigen
fast eines ganzen Volkes
vor den Toren der Kliniken,
in denen man abtreiben kann.
Die Not der Frauen,
die zu einem solchen Schritt getrieben werden,
ist oft unbeschreiblich groß.
Auch davon:
Wir wissen nichts.
Wissen sie nichts?

Ich höre in die Zukunft,
und ich vernehme das Schweigen
einer ganzen Menschheit,

die die Erde kahl gefressen hat,
plattgewalzt und einbetoniert -
waffenstarrende Festungen
um einen einzigen Baum:
Wir haben nichts gewußt.

Schweigen ist Gold,
aber das Märchen erzählt von einem Mann,
der war so versessen auf Gold,
daß er dafür seine Seele verkaufte.
Von da an wurde alles, was er berührte, zu Gold.
Für ihn gab es nichts anderes mehr als Gold.
Und es dauerte nicht lange,
da war er verhungert.
Schweigen ist Gold -
nur im Schweigen höre ich
die Wahrheit der Dinge,
aber eben diese Wahrheit
wird zu tödlichem Gold,
wenn ich sie totschweige.

Norbert Hoffmann

Kreuz-Weg in drei Stationen

1. Betroffen sein

- Anregung: *Bilder mit Leiderfahrungen des Menschen zeigen, zu dem die TeilnehmerInnen ihre Eindrücke äußern können.*

Meditation

Nachrichten und Bilder kreisen um die Welt:
Kriegsschauplätze, Katastrophen, Hungersnöte,
Flüchtlingsströme, Gesichter voller Haß und Kälte.
Werde ich davon betroffen?
Verspüre ich beim Anblick dieser Bilder Trauer?
Leide ich mit diesen Menschen?
Fühle ich das Kreuz, das diese Menschen tragen?
Lasse ich mich aufrütteln? Werde ich wach? Merke ich auf?
Berühren mich diese Nachrichten und Bilder noch?
Gehen sie mir unter die Haut?

Täglich treffe ich auf menschliche Schicksale,
höre die Schreie, sehe das Leid,
lese ich von den Gesichtern die Hoffnungslosigkeit.

Gebet

Jesus, du hast als Mensch auf der Welt viel Leid erfahren.
Die Menschen hatten schon immer viel Phantasie auszudenken,
welches Leid sie einander antun können.
Auch gegen dich hatten sie ihre Anklagepunkte und Vorwürfe gesammelt:
Streitgespräche, Gerüchte, falsche Zeugnisse und Fallen,
die Anklage wegen Gesetzesüberschreitung und Gotteslästerung
sollten dich zu Fall bringen.
Statt Betroffenheit über das Leid und die Ungerechtigkeit zu bekunden,
riefen die Schaulustigen „Kreuzige ihn, er ist schuldig!“,
ausgeblendet waren Menschlichkeit und Mitleid.
Herr, öffne unsere Herzen und unsere Augen für das Leid der Menschen.

2. Weinen dürfen

- Anregung: *Die TeilnehmerInnen werden aufgefordert, über Situationen und Begebenheiten nachzudenken, in denen sie Trauer erfahren und in denen sie geweint haben. Damit kann die Frage verbunden werden: „Was/wer hat mich getröstet?“ Auf Karten werden Trostworte geschrieben und später auf ein Kreuz gelegt.*
- Biblischer Bezug: *Joh 11,17-44*

Einstimmung

Vater sagt: „Jungen weinen nicht!“
Der Lehrer sagt: „Du mußt stark sein, hör auf zu weinen!“
Der Freund sagt: „Sei tapfer! Angsthasen und Heulsusen können wir in unserer Clique nicht gebrauchen!“
Jemand fragt: „Hast du schon einmal geweint?“
Der Onkel bittet: „Am Grab bitte keine Tränen!“
Der Nachbar meint: „Die Kinder und Jugendlichen werden viel zu weich erzogen.“

Meditation

Mensch, weine,
und laß deine Tränen über die Wangen laufen!

Deine Tränen öffnen dein leidvolles Herz,
und der Schmerz, der tief sitzt, kann heraus.

Mensch, weine,
denn deine Tränen befreien dich
von einer schweren, drückenden Last.
Deine Tränen holen dich
aus deiner Trübsal und Traurigkeit heraus
und öffnen dir die Tür
in eine neue, hoffnungsvolle Zukunft.

Mensch, weine,
denn die Tränen, die dein Gesicht benetzen,
finden Trost in einem menschlichen und göttlichen Du.
Deine Tränen reinigen und verwandeln dich.
Du wirst neu geboren im Bade der vergossenen Tränen.
Du wirst leben und
mit einem „Du“ einen neuen Anfang machen.

3. Zärtlich sein

- Anregung: *Ein Bild oder Dia vom Schweißtuch der Veronika ansehen.*
- Biblischer Bezug: *Mt 5,3-12*

Meditation

Simon von Cyrene geht den Kreuzweg mit.
Er trägt unfreiwillig das Kreuz.
Da tritt eine Frau aus der Menge hervor.
Sie stellt sich Jesus in den Weg.
Sie will ihm einen kleinen Dienst erweisen.
Es ist ein Dienst ohne die Hoffnung auf eine Gegenleistung.
Sie tut es spontan,
ohne Furcht vor den Soldaten.
Es ist ein „Spontaneinfall“, der aus wahrer Liebe kommt.
Es ist ein Zeichen, daß diese Frau die ausweglose Situation begriffen hat.
In diesem kleinen Zeichen verbirgt sich eine Kraft,
die Jesus das Leid ertragen hilft.
Diese kleinen, unscheinbaren Dienste tragen dein Bild, o Herr,
dein wahres Angesicht.

Fürbittendes Gebet

Wir denken an die Mutter, die jede Nacht ihr Baby versorgt.
Wir denken an die Altenpfleger, die geduldig zuhören.
Wir denken an die Kinder und ihre Liebe zu Tieren.
Wir denken an die Zivildienstleistenden, die den Behinderten begegnen.
Wir denken an die Entwicklungshelfer, die kleine Schritte tun für eine gerechtere Welt.
Wir denken an die Liebenden, die immer neu sich ihre Zuneigung zeigen.
Wir denken an die Einsamen, die keine Zärtlichkeit erfahren.
Wir denken an die Zärtlichkeit des Frühlings.
Wir danken für die Zärtlichkeit Gottes.

Impulse

Wie man jeden Tag Zärtlichkeit einüben kann:
- Schließe leise die Tür
- nimm das weinende Kind in den Arm
- höre dem anderen zu
- verzeihe und entschuldige dich
- gib einfach nach
- sage jemandem ein tröstendes Wort
- schreibe einen Brief
- mach ein Kompliment
- strecke die Hand aus und schließe Frieden
- besuche einen, der einsam ist
- sei nicht der Mittelpunkt, um den sich alles drehen muß
- bleib bei einem, der weint
- gib Geborgenheit und Zuversicht einem, der müde ist.

Ich glaube

Ich glaube,
daß das Sanfte stärker ist als das Harte.
Ich glaube,
daß die Erde der Sanften bedarf.
Ich glaube,
daß die wahre Revolution die Wandlung zum Sanften sein wird.
Ich glaube,
daß die Sanftheit keine Sache der Geburt, sondern des Mutes ist.
Ich glaube,
daß Gott sich als der unbedingte Grund des Sanften erweist.

Wolfgang Dietrich

Mitten im Leben vom Tod umfangen

Menschen erleben den Tod,

- wenn sie erschüttert am Grab eines geliebten Menschen stehen,
- wenn sie das jahrelange Sterben eines Verwandten bei seiner täglichen Pflege zu Hause mitansehen müssen und ihr eigenes Leben mit seinen Beziehungen durch die ständige Beanspruchung und Verfügbarkeit zunehmend vereinsamt,
- wenn eine Beziehung langsam im Alltag und in der Routine erstarrt,
- am eigenen Leib an den Wüstentagen des Einerleis und sich täglich wiederholender Routine und Enge,
- wenn durch unvorhersehbare Ereignisse die ganze Lebensplanung aus den Fügen gerät,
- im Gefühl der Nutzlosigkeit und Hoffnungslosigkeit nach langer Arbeitslosigkeit,
- in der Teufelsspirale der Armut,
- wenn sie Gewalt und Unterdrückung in ihrer Ehe oder einer Beziehung erfahren,
- wenn trotz einer sorgfältigen Erziehung die Kinder auf Abwege geraten,
- im Gefangensein in Depression und Angst,
- in ihrem Versagen und in der Schuld,
- in der Sprachlosigkeit angesichts von Leid und Schmerz,
- in lähmender Einsamkeit,
- in der Leere ausgelaufener Stunden,
- wenn der sehnliche Wunsch nach einem Kind unerfüllt bleibt,
- wenn Bewerbungsunterlagen zum wiederholten Male zurückkommen,
- wenn die Hoffnung auf eine lebenswerte Zukunft stirbt.

Mitten im Leben sind Menschen vom Tod umfangen.
Mitten im Leben stellt sich plötzlich das Kreuz des Todes in den Weg.
Mitten im Leben steht das Kreuz.
Mitten im Leben müssen Menschen trauern, schreien, klagen, weinen, verstummen.
Mitten im Leben fordert der Tod sein Recht.
Mitten im Leben eröffnet er aber vielleicht auch neue Perspektiven und einen neuen Anfang.

Grab

Gebet auf dem Friedhof

- Anregung: *Das Gebet kann z.B. an Allerseelen zur Gräbersegnung oder am Karfreitag Verwendung finden.*

Herr,
wir schreiten langsam über den Friedhof.
Wir lesen Namen und Namen.
Namen. Titel. Geschichten. Schicksale. Leben.
Menschen, die wir kannten,
und unzählige, die wir nicht kannten,
auf diesem Friedhof
und auf den Friedhöfen dieser Welt.

Wir (Ich) denke(n) an
die 65 Millionen Toten der beiden Weltkriege.
Umgekommen auf Schlachtfeldern und in Bombennächten, auf der Flucht und bei der Verfolgung,
umgekommen durch Hunger, Folter und in Konzentrationslagern.

Wir (Ich) denke(n) an
die etwa 30 Millionen Toten nach den beiden Weltkriegen.
Umgekommen in über 130 lokalen Kriegen auf der ganzen Welt, auf Schlachtfeldern, in Bürgerkriegen und bei Attentaten.
Umgekommen in Flüchtlingslagern und bei Geiselnahmen, durch Hunger, Terror und Folter.

Wir (Ich) denke(n) an
die unzähligen Verkehrstoten.
Umgekommen, weil sie vielleicht ihr Können überschätzten, weil sie zu schnell fuhren, weil sie den dichten Verkehr nicht mehr übersehen konnten.
Umgekommen, weil ein anderer Verkehrsteilnehmer nicht aufgepaßt hat.

Wir (Ich) denke(n) an
Familienangehörige und alte Menschen.
Gestorben nach einem langen, erfüllten Leben.
Gestorben, umgeben von Menschen, die die Kraft hatten, bei einem Sterbenden zu bleiben.
Gestorben allein in einer Wohnung oder einem Krankenhausbett.
Gestorben in der Hoffnung auf ein Leben, das nicht mit dem Tod endet.

Wir (Ich) denke(n) an
Freunde und Bekannte, die jung sterben mußten.

Gestorben, weil sie keinen Sinn in ihrem Leben fanden.
Gestorben nach schwerer, unheilbarer Krankheit.
Gestorben trotz Hoffnung auf Genesung.
Gestorben, unfaßbar für Angehörige und Freunde,
Gestorben und schmerzlich vermißt.

Ich denke an ... (- Stille -)

Weil die Toten schweigen, müssen wir Lebenden statt ihrer die Stimme erheben und eintreten
für Gerechtigkeit und Frieden, gegen den Krieg;
für ein faires Miteinander auf unseren Straßen, gegen das Chaos;
für die Freude am Leben, gegen alle Sinnlosigkeit;
für den Fortschritt der Medizin, gegen todbringende Krankheiten.
Weil die Toten schweigen, müssen wir Lebenden statt ihrer die Stimme erheben und eintreten für die Botschaft vom Leben, die Jesus Christus uns brachte; für die er eintrat bis zum Tod am Kreuz; für die er bürgt mit der Auferstehung zum Leben.

6. Schwungtuch

Zur Erläuterung:
Das Schwungtuch ist ein großes rundes Tuch, zumeist aus Fallschirmseide. Es ist gut geeignet, gemeinsam in einer Gruppe etwas zu tun. Die Gruppe versammelt sich um das Schwungtuch, und alle müssen mitmachen, damit das Tuch sich bewegt. Die Bewegungen, die Wellen, das Flattern sind nur möglich durch die gemeinsame, aufeinander abgestimmte Aktion.

- Anregung: *Das Schwungtuch wird ausgebreitet, die TeilnehmerInnen nehmen es in die Hand. Musik wird eingespielt und das Tuch dazu spontan bewegt. Am Ende sprechen die TeilnehmerInnen ihre Reaktionen, Gefühle und Gedanken aus. Zum gemeinsamen Tun Musik einspielen, z.B. „Halleluja" von Händel.*

Lebenszeichen - Glaubenszeichen

- Anregung: *Zwei SprecherInnen lesen im Wechsel - es beginnt immer „Das Lebenszeichen" - in die Musik und den ruhigen Bewegungsablauf hinein eine Deutung des Symbols „Schwungtuch".*

Das Lebenszeichen

Das Schwungtuch hat uns zusammengeführt.

Die verschiedenen Bewegungen sind Ausdruck unseres Lebens:
Die Welle: meine Höhen und Tiefen.
Das Aufsteigen und Hinunterfallen: Kräfte entfalten sich und dringen nach außen, kommen verbraucht zurück, und ich sehne mich nach Ruhe, Sammlung, Entspannung.

Das Glaubenszeichen

Der Glaube an Jesus, seinen Tod und seine Auferstehung, der gemeinsame Glaube an seine Botschaft führt uns Christen zusammen.

Der Glaube kommt in Bewegung, weil ich mit anderen aktiv werde.
Der Glaube entfaltet eine Dynamik, die mich trägt.
Der Glaube braucht Sammlung und Stille, Meditation und Gebet.

Das Tuch holt uns aus unserer Trägheit heraus, es fordert uns auf, immer neue Bewegungen auszuprobieren.

Der Glaube will helfen, unser ganzes Leben zu gestalten. Nie ist ein Mensch mit dieser Aufgabe fertig, immer neue Formen und Ausdrucksmöglichkeiten, Aspekte, die in bestimmten Lebenssituationen wichtig werden, halten ihn lebendig.

Das Tuch zeigt seine Schönheit, seine Eigenschaften. Es bereitet uns Freude. Es macht sensibel für den anderen.

Der Glaube ist wie ein Tuch, das sich dreht und mir trotzdem einen Halt gibt. Ich glaube allein und in der Gemeinschaft mit anderen.

Das Leben hat seine Perspektiven, wenn wir von der Gemeinschaft und aus der Gemeinschaft leben. Wir können uns individuell entfalten und erfahren, daß wir Hilfe finden und getragen werden. Wir leben alleine und doch miteinander.

Der Glaube macht froh und frei, weil Gott und die Menschen mir diesen Freiraum geben. Durch das gemeinsame Tun lernen wir einander kennen und schätzen.

Das Schwungtuch ist wie ein Dach, ein Zelt, ein Lebensraum.

Gottes Liebe ist wie ein Dach, unter dem ich geborgen bin.

Wir haben einen Platz im Leben, an den ich gehöre, eine Gemeinschaft, die mir Schutz und Geborgenheit, ein Zuhause gibt.

Gott hat mich an meinen Platz gestellt. Ich kann ihm begegnen in den Menschen, mit denen ich lebe, und den Himmel finden, der mein Ziel ist.

Gebet am Schwungtuch

Herr, am Schwungtuch stehen wir zusammen,
verbunden durch den Stoff, die Farben, die Bewegung.
Wir haben uns aufeinander eingestellt,
uns abgestimmt in dem, was wir tun.
Wir wünschen uns das, was wir hier erleben,
auch für die Gemeinschaften, in denen wir tagtäglich leben.
Wir wünschen uns Bewegung und Schwung,
Harmonie und Farbe,
Kreativität und Einigkeit,

Verbundenheit und Gemeinschaft,
für unsere Familien, für Nachbarschaften, Kollegenkreise, Klassen,
Ortschaften, Gemeinden und für die Kirche.
Herr, hilf uns, etwas von dem, was mit dem Schwungtuch so spielerisch möglich ist, mitzunehmen in den Ernst des Alltags
und es einzubringen in die Gemeinschaften und Gruppen,
damit wir mithelfen,
das Leben auf dieser Welt schöner und menschlicher zu machen.

Schenk uns Glauben

Ein Gebet

Herr, wir sagen schnell: Ich glaube an dich und dein Wort. Wir rühmen uns mit dem Aufsagen der Gebote, der Lehrsätze und der vielen Gebete. Ich spüre trotzdem: Tod, Leere, Nichts.

Herr, wir sagen schnell: Der Glaube kann Berge versetzen, wenn wir von ihm Zeugnis ablegen. Ich gehe in Gottesdienste, nehme an Wallfahrten und Prozessionen teil, verteile Zeitschriften und spende für die Armen. Wenn ich in die Welt sehe, begegne ich Leid, Hunger, Ausgestoßensein und Haß. Wo bleibt die Kraft des Glaubens?

Herr, du hast zu den Jüngern gesagt: Begreift ihr denn nicht? Herr, dein Weg, dein Leben zeigt uns die Richtung des Glaubens. Du hast uns gezeigt, wie Glauben gelebt werden kann:
Du warst bei den Menschen und hast mit ihnen gelebt.
Du warst bei den Menschen und hast sie heil gemacht.
Du warst bei den Ausgestoßenen, den Gedemütigten, den Geschlagenen und hast ihnen ihre Menschenwürde wiedergegeben.
Herr, der Glaubensweg, den du gegangen bist, lebte aus der Begegnung mit Gott und den Menschen.

Herr, laß uns sehen mit den Augen der Liebe.
Herr, laß uns hören die Schreie der Unterdrückten und dein Wort der Befreiung.
Herr, mach uns sensibel für die Persönlichkeit und die Standpunkte anderer Menschen.
„Begreift ihr denn nicht, daß ich gekommen bin, euch ein neues Leben zu schenken!"

Herr, laß uns leben im Glauben an dich.

Schenk uns die Erfahrung, daß der Glauben wichtig und hilfreich für unser Leben ist.
Schenk uns die Erfahrung, daß die Gemeinschaft derer, die an dich glaubt, trägt.
Gib unserem Leben Glauben und
unserem Glauben Leben.

Lobt den Herrn

Eine Transformation zu Psalm 149/150

Lobt den Herrn, ihr Engel,
die ihr den Himmel und die Erde miteinander verbindet.
Lobt ihn, Gestirne und Milchstraßen,
die ihr funkelnd und weit den Kosmos erfüllt.
Lobt ihn, Himmel und Erde,
Wasser, Luft und Feuer, ihr Elemente des Lebens.
Lobt den Herrn, der euch erschuf
und eurer Entwicklung überließ.
Lobt den Herrn, Nebel, Hagel und Schnee,
Wind, Sturm und Sonne, die ihr den Kreislauf der Natur bestimmt.
Lobt den Herrn, ihr Berge und Täler,
ihr Landschaften voll Wildnis und Vielfalt.
Lobt den Herrn, ihr Tiere der Erde,
ihr seltenen bedrohten Arten, ihr Nutztiere und Wildtiere, ihr kleinen und großen.
Lobt den Herrn, ihr Menschen auf der Erde,
ihr Mächtigen und Einflußreichen, ihr Außenseiter und Randgruppen,
ihr Alten und Jungen, ihr Männer, Frauen und Kinder.
Lobt ihn mit eurem Leben, euren Träumen und Sehnsüchten,
mit euren Geschichten und Werken,
mit euren Talenten und eurem Können.
Lobt ihn mit den Tönen, die euer Leben spielt,
lobt ihn am Morgen, am Abend und in der Nacht,
mit den Melodien, die euch unverwechselbar ausmachen,
lobt ihn mit Orgel- und Rockmusik,
mit alten und neuen Instrumenten und Liedern.
Lobt den Herrn, der so fern ist und so nah,
lobt ihn in den Kirchen, im Wald und wo immer ihr seid.
Lobt den Herrn, der euren Namen kennt und in seine Hand geschrieben hat.

Lobt den Herrn, der jeden Tag seine Geschichte mit den Menschen schreibt, der mit uns leidet und lacht.
Lobt ihn in jedem Augenblick eures Lebens und mit jedem Atemzug, den ihr tut.
Lobt den Herrn.

Anhang

Lieder

Ich glaube (Credo)

Text: aus der Liturgie
Musik: U. Klauke

Wasser-lebens-lauf

- Anregung: *Das Lied bietet Bezüge zu den Themen: Schöpfung, Mit allen Sinnen leben, Weg.*

2. So wie das Wasser im Bach fließt durch ein Tal,
   Weg zwischen Steinen: Wasser-lebens-lauf.
3. So wie das Wasser im Fluß weitertreibt,
   stark und pulsierend: Wasser-lebens-lauf.
4. So wie das Wasser glitzert in dem See,
   ruhig und ganz friedlich: Wasser-lebens-lauf.
5. So wie das Wasser mündet in dem Meer,
   viele verbindend: Wasser-lebens-lauf.
6. So wie das Wasser Wolkenberge türmt,
   Dürre beendend: Wasser-lebens-lauf.
7. So wie das Wasser Oasen blühen läßt,
   kostbar und edel: Wasser-lebens-lauf.
8. So wie das Wasser aus Brunnen sich verschenkt,
   Freude und Begegnung: Wasser-lebens-lauf.
9. So wie das Wasser ... (Melodie summen):

//: So sei mein Leben vor dir, o Gott. ://

Text und Musik: U. Klauke

Wenn ich dich so vor mir seh (Ave Maria)

- Anregung: *Das Lied bietet Bezüge zu den Themen: Menschen im Advent: Maria, Jesus Christus - Gott. Der Text, der die literarische Vorlage für das Lied bildet, ist im Kapitel Advent abgedruckt.*

3. Du wurdest mit Josef verlobt, Maria, *(Melodie wie Str. 2)*
ob du glücklich warst, wissen wir nicht.
Doch du maltest sicher dein Leben aus wie andre:
Hochzeit, Kinder, Nachbarn, Dorf und Fest.
Doch plötzlich klopfte Gott bei dir an:
daß du ihn einläßt, hat dein Leben ganz verändert.

4. Ich stell mir vor, daß dir oft elend war, *(Melodie wie Str. 2)*
Maria, nach diesem Ja.
Daß du es am liebsten zurückgeholt hättest,
auch als man nicht mehr über dich klatscht im Dorf,
auch als dein Sohn erwachsen dann wurde.
Daß du durchgehalten hast, Maria, ich staune.

5. wie 1. *(Melodie wie Str. 1)*

Text: nach Chr. Peikert-Flaspöhler: „Ave Maria junger Menschen"
Musik: U. Klauke

Wir loben dich (Kanon)

Wo der Wind weht

- Anregung: *Das Lied bietet Bezüge zu den Themen: Kirche, Jesus Christus - Gott, Weg.*

2. Wenn der Wind weht und dich einlädt,
loszufahren auf das Meer,
lös' die Leine, setz' das Segel
und vertrau: Es ist nicht schwer.

3. Wenn das Segel fest im Wind steht,
kannst du spüren, es gelingt.
Du wirst staunen und dich wundern,
welcher Fahrt wir fähig sind.

4. Über Meere und durch Stürme
geht die Reise hin zum Ziel.
Nur gemeinsam geht es vorwärts,
du allein verlierst das Spiel.

5. Wenn der Wind dich weit hinausträgt,
halt das Ruder, setz' dich ein.
Du brauchst Mut, den Kurs zu halten,
bald wirst du am Ziele sein.

6. Einer treibt uns weit nach vorne,
macht uns schneller als den Wind.
Sturmesbrausen ist sein Zeichen
er weht, wo wir Menschen sind.

7. Gottes Geist weckt große Kräfte,
wenn die Kirche ihn nur will.
Werde offen für sein Wehen,
Gottes Wind steht niemals still.

Text: U. Klauke, Chr. Recker
Musik: Garvin Sutherland

Stichwortverzeichnis

Verzeichnis der Bibelstellen

Quellennachweis

(Trotz aller Bemühungen gelang es nicht immer, eine genaue Quelle ausfindig zu machen. Eventuelle Hinweise dazu erbitten wir an den Verlag.)

Seite:

23f. Wilhelm Bruners, Sing Maria. Aus: ders., Biblische Meditationen, Patmos Verlag, Düsseldorf 1989, S. 20. Rechte beim Autor

34 Rudolf Otto Wiemer, Holt den Sohn vom Bahnhof ab. Aus: ders., Ernstfall, J.F. Steinkopf Verlag Kiel

39ff. Weihnachten – ein Geschenk Gottes, teilweise nach Peter Bleeser. In: Neue Formen der Jugendliturgie. Situation – Erfahrungen – Modelle – Texte. Herausgegeben vom Deutschen Katecheten-Verein e.V. Bearbeitet von Gertrud und Norbert Weidinger, Matthias-Grünewald-Verlag Mainz 1996, S. 65ff.

59f. Martin Gutl, Grab, das ist nicht mehr weiterkönnen. Aus: J. Dirnbeck/ M. Gutl, Ich begann zu beten. Verlag Styria, Graz, 1976, S. 48. Martin Gutl © Bildungshaus Mariatrost, Karl Mittlinger

63f. Johnson Gnanabaranam, Meinen Glauben kann ich anderen nicht weitergeben. Aus: ders., Heute mein Jesus. Erlanger Verlag für Mission und Ökumene, Neuendettelsau, S. 27f.

64 Uwe Seidel, Wir wundern uns. Aus: Uwe Seidel/Diethard Zils, Psalmen der Hoffnung. Texte für jeden Tag, Aussaat-Verlag, Neukirchen-Vluyn, ^{2}1982. Rechte beim Autor

67f. Herman van Veen, Geschichte von Gott. Rechte bei Harlekijn Holland B.V., NL – BD Leersum

69f. Weggemeinschaft. Aus: Themenhefte Gemeindearbeit 2/1990, S. 13, Bergmoser + Höller Verlag, Aachen

70f. Bildbetrachtung. Aus: Themenhefte Gemeindearbeit 5/1991, Bergmoser + Höller Verlag, Aachen

72f. Jörg Zink, Ich träume von einer Kirche. Aus: ders., Kostbare Erde, Kreuz Verlag, Stuttgart 1981, S. 185

73ff. Dorothee Hammerschmidt, Eine Vision? Aus: Zur Zeit, Zeitschrift der Redemptoristen, Heft Mai/Juni 1993, Hofbauer Verlag, Bonn

79f. Herr, was sollen wir tun? Aus: Anstöße beginnen, durchdringen, verändern; Texte und Gebete / verf. und zusgest. von Christel Bömeke, © Bernward Verlag GmbH Hildesheim

88f. Wolfgang S. Roos, Unerwarteter Besuch bei Frau Tissenhusen. Rechte beim Autor

106ff. Phil Bosmans, Fang den Tag von heute ... Aus: ders., Blumen des Glücks musst du selbst pflanzen. © Verlag Herder, Freiburg im Breisgau, 27. Auflage 1998, S. 29

107 Willi Hoffsümmer, Mit der Scherbe in der Hand (Gebet). Aus: ders., 2 x 11 Bußfeiern mit Gegenständen aus dem Alltag. Wortgottesdienste, Matthias-Grünewald-Verlag, Mainz 1995, S. 15

115f. Norbert Hoffmann, Auf dem Markt von Aubenas. Aus: ders., Stufenweise. Kletterhilfen für junge Menschen. Butzon & Bercker, Kevelaer, ^{2}1987, S. 28–30 (Auszug). Rechte beim Autor

117 Martin Gutl, Ohne Umwege (Der kürzeste Weg). Aus: ders., Loblied vor der Klagemauer, Verlag Styria, Graz, 1978. Martin Gutl © Bildungshaus Mariatrost, Karl Mittlinger

117 Dich sehen. Aus: Leben aus der Mitte. Hg. von Frenes/Gurndin/Parth/Stiglmair. Athesia Verlag, Bozen 1983

118 Anton Rotzetter, Mich satt sehen. Aus: Anton Rotzetter, Gott, der mich atmen läßt, Herderbücherei Bd. 8832. © Verlag Herder, Freiburg im Breisgau, 5. Auflage 1998, S. 233

120 Anton Rotzetter, Mein Herz fließt über von Dank. Aus: Anton Rotzetter, Gott, der mich atmen läßt, Herderbücherei Bd. 8832. © Verlag Herder im Breisgau, 5. Auflage 1998, S. 234

128ff. Eine Lebensgeschichte. Text nach: Christian Keller, Tonbild „Es war einer von uns", impuls studio, München

132 Jörg Zink, Unbequeme Gerechtigkeit. Aus: ders., Wie wir beten können, Kreuz Verlag, Stuttgart 1970, S. 106

133ff. Manfred Sollich, Antonios Netz bleibt leer. Aus: Manfred Sollich (Hg.), Probezeit ausgeschlossen, Erfahrungen und Perspektiven der personellen Entwicklungszusammenarbeit, Grünewald/Kaiser, Mainz/München 1986

144f. Es ist ein Mensch wie wir (Er ist ein Mensch geworden wie wir). Aus: In vielen Herzen verankert, Styria Verlag Graz 2004

145 Martin Gutl, Der erfahrungsreiche Jesus. Aus: ders., Loblied an der Klagemauer, Verlag Styria, Graz/Wien/Köln ^{4}1990. Martin Gutl © Bildungshaus Mariatrost, Karl Mittlinger

148f. Martin Gutl, Der Mensch fragt, Gott fragt. Aus: ders., Loblied an der Klagemauer, Verlag Styria, Graz/Wien/Köln ^{4}1990. Martin Gutl © Bildungshaus Mariatrost, Karl Mittlinger

150 Manfred Frigger, Wer in der Geborgenheit Gottes lebt. Aus: Manfred Frigger, Frühschicht – Spätschicht. © Verlag Herder, Freiburg im Breisgau, 4. Auflage 1992, S. 112

160ff. Paul Ringseisen, Österliche Weg-Litanei. Aus: ders., Ruf und Aufruf. Neue Litaneien, Don Bosco Verlag, München 1992, S. 15–18. Rechte beim Autor

173 Jörg Zink, Wenn wir sagen: Unser tägliches Brot. Aus: ders., Wie wir beten können. Kreuz Verlag, Stuttgart, 1970, S. 244

175 Jörg Zink, Unser tägliches Brot, lieber Vater im Himmel ... Aus: ders., Wie wir beten können. Kreuz Verlag Stuttgart 1970, S. 245 (Auszug)

175f. Werner Schaube, Herr, die ganze Welt bittet um Brot. Aus: Werner Schaube, Rufsäule © Verlag Herder, Freiburg im Breisgau, 8. Auflage 1995, S. 28

177f. Theodor Schneider, Personale Gegenwart. Aus: ders., Wir sind sein Leib. Meditationen zur Eucharistie, Topos-Taschenbuch 65, Matthias-Grünewald-Verlag, Mainz 1989, S. 46–48 (verändert)

179 Uschi Watteler, Brot und Wein. Aus: Manfred Langner/Christine Reeker, Horizonte. Gebete und Texte für heute, Hildesheim 1981, S. 124. Rechte bei der Autorin

186f. Günter Kunert, Witterungsbeständig. Kühl ... Aus: A. Burkhart u.a., Die letzten Fragen laß den Steinen (vergriffen), Verlag am Eschbach, Eschbach 1990. Rechte beim Autor

190 Gerd Werner Gries, Die letzten Fragen laß den Steinen. Aus: A. Burkhart u.a., Die letzten Fragen laß den Steinen (vergriffen), Verlag am Eschbach, Eschbach 1990. Rechte beim Autor

192f. Norbert Hoffmann, Schreiendes Schweigen. Aus: ders., Stufenweise. Kletterhilfen für junge Menschen, Butzon & Bercker, Kevelaer 1987, S. 64f. (Auszug). Rechte beim Autor

197 Wolfgang Dietrich, Ich glaube. Aus: ders., Vom Mut, sanft zu sein (vergriffen) © Verlag am Eschbach der Schwabenverlag AG, Eschbach/Markgräflerland

Bilder:

108 Ernst Alt. Der wiedergefundene Vater. Rechte bei Ernst Alt

137 Aus: Adveniat-Aktionsheft 1994, Seite 56